身体装飾の現在 2

インド文明に取り込まれた人々

インド・ネパール

写真・文　井上耕一

朝倉書店

序

今でも民族衣装を身に付けている人が世界で一番多いのはインドの人たちだといわれます。国外でもサリー姿のインド人をよく見かけます。しかしサリーはヒンドゥー教徒の衣装だといわれていますから、イスラム教徒はもちろんのこと、それ以外の宗教の人たちもサリーを着ないのが普通です。ただヒンドゥー教徒が人口の 73%以上を占めていますから、必然的にサリー姿が目に付くわけですが、首都デリーでのサリー姿は、以前にくらべて、減ってきているように思われます。

サリーの基本的な着方はペチコートの上に長い布を巻き付けていき、その端を短めのブラウスを着た胸元にもってきたり、頭にも回すとのことですが、サリーでも地方によるバリエーションがあるので、それを見分けるのはなかなかむずかしいところがあります。またそれぞれ名称の付いた、肩にかけたり、頭に被る布は、さまざまなタイプがあります。布地も手紬みで手織りや工場製、素材も木綿、シルク、ウール、化繊とあり、染めも普通の染め以外に、絞り染め、ろうけつ染め、ブロック・プリント、スクリーン・プリント等とある上に、刺繍やパッチワークがなされたり、スパンコールが付けられたり、ミラー・ワークがなされたりと、多種多様の組み合わせがあります。世界広しといえども、こういう選択肢の幅があるのはインドだけではないでしょうか。

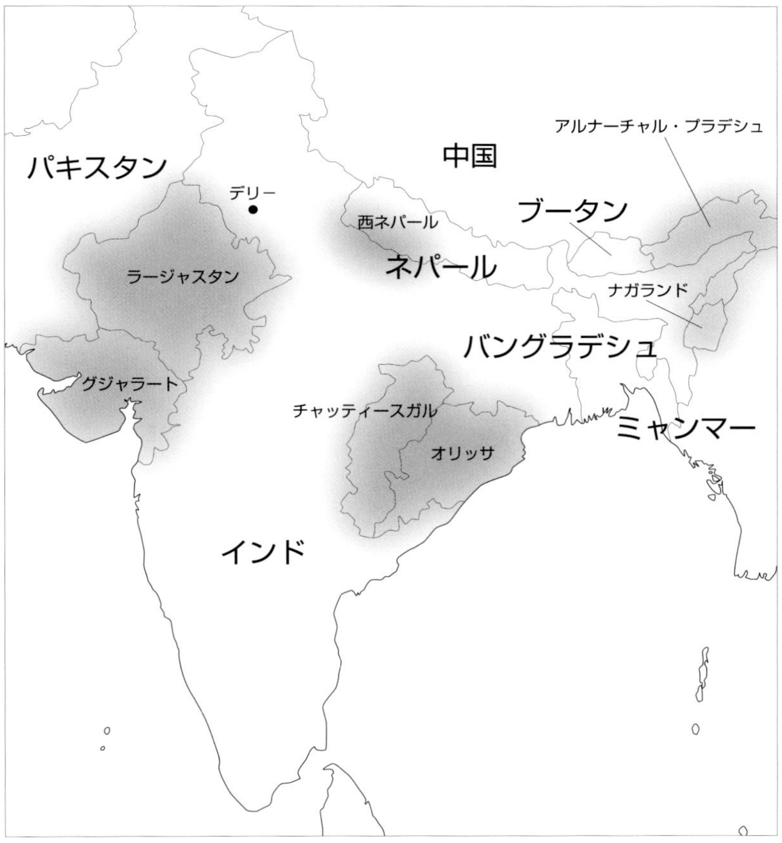

インドはもともと他の国（たとえば東南アジア諸国）とは違い、各村や町に染織を職業とする人たちが住んでおり、かれらが住民の要望に対応してきました。一般に東南アジア各地の少数民族は、自分たちが素材になるものを自ら育て、そこから繊維を取り出してつむぎ、染めたり、織ったりして布地を作り、衣服に仕立てるのが普通ですが、インドでは、それぞれの部族民の固有の布地がそれを専門とする職人たちによって作られてきて、各自は自分たち用に作られたものを手に入れ、仕立て屋に出したり、自ら仕立てて、そこに刺繍やアップリケをしたり、ミラー・ワークをして完成させるということでこれまできました。ところが近年、質はさておき廉価な工場製の布地を市場で買う人が増えてきて、職人たちは地域住民の仕事だけでは立ちいかなくなり、外に向けての製品作りを始める人が出てきたり、職人が村からいなくなるということも起きてきたそうです。そういうことが進行する一方ですぐれた技能を持った職人たちが国から正式に技能保持者として認定され、従来の仕事をするだけでなく、仕事場を工房とし、仕事を見せながら、並べた作品を売るという人も出てきました。

またフェア・トレードを主旨とする NGO が各地で活動をはじめ、グジャラート州では染織関係でいくつもの NGO があります。すぐれた刺繍やアップリケやミラー・ワークをする人たち、とくに女性たちを組織化して、製品づくりをさせる NGO があります。作られた製品は内外の観光客向けに地元の高級ホテルにショップを出して販売したり、インド各地の専門店に卸したり、海外輸出を行っているところも出てきました。うまくいっている NGO では、中心施設を持ち、収集品のデータ整理や展示、製品の管理システムの立ち上げ等をお手のもののコンピュータを使って行いながら、各素材の手配や計画に基づいて製作者に配布する素材のセット作成、配布等を行っています。もちろんそこには指導できるスタッフもおり、内外の見学者にも対応し、見学者の送迎用のバスまで持っているところもあります。

なかにはこれまでの蓄積をふまえて、デザイン・スクールを作ったところまで出てきています。1ヶ所だけでなく、インドに数ヶ所、海外にもあるとのことです。そこではより上の技能を修得したいという人のために、半年とか1年のコースを設けて、学校にこないとできないことは集中的に宿舎に住まわせて行い、製作は村に帰って日常生活を行いながら作らせ、出来上がったら持ってこさせて指導をしながら、次に進ませ、最後にコースそれぞれの最終課題を作らせ、それが評価されると卒業ということになっているそうです。もちろん必要であればさらに上のコースにも進めます。

今でも経済的に恵まれない部族民のとりわけ女性たちに、このように技能を生かしながら収入が得られるように支援していくのは、求められていたことであり、さらに技能の向上をはかることまで考えられるようになってきたのは、NGO の努力もさりながら、手工芸教育の一つのあり方を示してもいます。しかし問題が全くないというわけでもないのです。好みは多様で気まぐれな観光客や文化の異なる人たちに売れる商品を作ることは、自分たちの生活の中で生まれてきたものを作るのとはわけが違うのです。かれらの文化の中で意味を持ってきたモチーフや色使いやその技法が売れる商品作りということで変わらざるをえないのです。だからといって、自分たちの作りたいものを作るのであれば、売れるとは限らず、NGO 自体も成り立ちがむずかしくなります。このことは当然彼女たちの民族衣装づくりに影響を及ぼしていくでしょう。

インドは南アジアのインド亜大陸の中央に位置し、面積は 328 万 7,263km^2 の大国です。人口は 11 億 2,987 万人（2007 年）で、今世紀の中頃には中国の人口を超えるといわれています。その構成は、インド・アーリア語族（約 72%）、ドラヴィダ語族（25%）、その他シナ・チベット語族、オーストロ・アジア語族等、多様な民族からなっています。言語も、ヒンディー語を公用語、英語を準公用語とし、その他 17 言語が憲法に定められた地方公用語とされています。宗教もヒンドゥー教徒が一番多く（73.72%）、次いでイスラム教徒（11.96%）、キリスト教徒（6.08%）、シク教徒（2.16%）、その他仏教徒、ジャイナ教徒、ゾロアスター（パルシー）教徒、ユダヤ教徒、アニミズムとこれまた多様です。

インドの気候は、夏季（4～5月）、雨季（6～9月）、乾季（10～3月）に大別されてはいますが、国土が広く高度差も相当あるので、地域によってかなり異なります。北側はヒマラヤ山脈、カラコルム山脈が連なり、東側はベンガル湾、南側はインド洋、西側はアラビア海に面しています。南部の東側の内陸には東ガート山脈が、西側には西ガート山脈が走り、中央部にデカン高原が、西部にはタール砂漠があります。

インドは東南アジアの他の国とは異なり、国がいくつの民族から構成されているという言い方はないようです。一部は民族名としての～族という言い方がされていますが、大多数はそうではないのです。ここにはインド特有のカースト制（ヒンドゥー社会の身分制度）つまりヴァルナ（4つのカースト）とジャーティ（職業別の出自）が複雑に関係しており、それらの名称に族をつけるとさらに混乱するので、ここでははっきりしている場合を除いて、族とはつけないで使っています。（この話になるとかなりの説明を要し、私自身もよくわからないところがまだありますので、やむをえず省かせていただきます。現地のガイドが言っているままに使っているところもありますので、中には間違っているところがあるかもしれませんが、御了承下さい。）それにカースト外の「不可触民」とか「原住民」、「先住民」という用語も使われていますし、イギリスの植民地時代から「部族」、「部族民」、「指定カースト」、さらには独立後に行政用語として使われるようになったという「指定部族」という言葉まであるのです。ここではデータを説明する場合には統計に使われている「指定部族」という用語を使い、他国で少数民族という用語を使う場合には「部族民」という用語を使います。インドの指定部族人口は約 8,400 万人（2001 年度の国勢調査）、総人口の 8.20%で、指定部族の中で最大のものは 1,200 万人、最小は数十人だといいますから、そこには大きなひらきがあります。指定部族の各州人口に占める割合も多いところと少ないところではかなりの差があります。北東部及び中央の東部から西部にかけての地帯は指定部族が集住していることが知られています。本書では、西部のグジャラート州、ラージャスタン州とそこと関係する西ネパール、北東部のアルナーチャル・プラデシュ州とナガランド州、東部のオリッサ州とチャッティースガル州の州境地域の指定部族の一部を取り上げています。

グジャラート州は北東部にラージャスタン州のタール砂漠が、北西部にはパキスタンの国境に接する大湿地帯カッチ湿原があり、西部はアラビア海に面しています。平地では古くから綿花栽培が盛んで綿布を輸出していました。現在でもインド有数の繊維産業の中心地として知られています。本書で取り上げたガラシア、ビールの部族民はラージャスタンとの州境に展開しています。その他の部族民はこのあたりからカッチ湿原の方にかけて住んでいる人たちです。ラバーリーはラージャスタン出身の牧畜民だといわれていますが、ほかには国境の向こう側、パキスタンのスィンド地方から移住してきたといわれる人たちもいます。カッチ地方は現在はグジャラート州の西のはずれ、パキスタンとの国境に接する辺境のように見られますが、かつては陸路、航路による交易の盛んな土地でした。しかし 1947 年のインド独立後に、カッチとスィンドは国境によって分断され、行き来もままならなくなってしまいました。古くはペルシア、アラビアにつながる交易路によって、文化が人・物ともに入ってきた土地だったのです。

ラージャスタン州のラージャスタンとはラージプート（戦士階級クシャトリア）の土地という意味だそうで、ラージプートの諸王国が興亡した土地です。州の北東から南西にかけてアラーワリー山脈が走り、北西部はタール砂漠の乾燥した平原地帯が長いパキスタンとの国境を越えて広がり、南東部はやや湿潤な丘陵地帯がヴィンディー山地に向けて高まっていきます。それに対応して北西部は牧畜業、南東部は主に農業、と分かれています。かつてのマハラージャ（大王）たちの城砦や宮殿が各地に残り、今では観光地としてまたは高級ホテルとして活用されています。砂漠の大地を背景に、赤を基調色とする原色の衣装が映える場所でもあります。

アルナーチャル・プラデシュ州は西からブータン、中国、ミャンマーにとり囲まれたインドの北東部に位置し、北側には大ヒマラヤ山脈、小ヒマラヤ山脈が東西に走り、そこから流下する多数の小河川が扇状地を形成しています。そこで水稲耕作を行い、山の斜面にも棚田を作り、あるいは急斜面では焼畑耕作を行っています。北東部諸州の中では最も多くの指定部族が住み、そのほとんどはシナ・チベット語族で、それぞれ独自の言語を持っていますが文字はありません。州の西端のチベット系の人たちはチベット仏教を、東端のタイ系の人たちは上座部仏教を信仰し、中間の人たちは太陽と月の神である「ドニ・ポロ」に代表されるアニミズムやキリスト教を信仰しています。日常はほとんど民族衣装は身につけていません。アパタニ族はジロの近郊数ヶ所に集住して生活し、ほとんど外に移住しないといいます。今でも「ドニ・ポロ」と呼ばれる精霊崇拝を行っています。ワンチョ族は北東部の中央のアッサム州にあるブラマプトラ川をはさんだ反対側の、ミャンマーの国境沿いの山中に住んでいます。

ナガランド州は第二次大戦の日本軍のインパール作戦に出てくるコヒマが州都です。東はミャンマーと国境を接し、西と北はアッサム州、北の一部はアルナーチャル・プラデシュ州、南はマニプール州に囲まれた小さな州です。ナガランドといいナガ族といったりしていますが、ナガ族という民族はいませんし、ナガ語もありません。多くの部族民がいますが、共通語はありませんので、ナガミーズ（ヒンディー語のアッサム方言がナガ化されたもの）か英語で話すことになります。同族はミャンマーにも住んでいます。顔つきは日本人とほとんど変わりません。キリスト教の布教が進み、住民の 90%以上が教徒であるといわれています。山地が大半を占めますが、小河川の扇状地では棚田による水稲耕作も行われています。奥地はでは大々的な焼畑耕作がまだ行われています。

オリッサ州は、北は西ベンガル州とジャールカンド州に接し、東はベンガル湾、南はアンドーラ・プラデシュ州、そして西はチャッティースガル州に接していますが、チャッティースガル州とは近年になって分けられました。オリッサ州は海岸側の平野と内陸の山地からなっています。下側の内陸の山地(東ガート山脈)からチャッティースガル州にかけての山地に、古い民族だとされるオーストロ・アジア語族の民族やドラヴィダ語族の民族が住んでいます。なかでもゴンド族はヴィンディー山地からデカン高原を横断して東ガート山脈にまで広がって住んでおり、指定部族の中でも人口が多く、歴史的にも重要なグループだといわれており、ドラヴィダ語族に属しています。一方ガダバ族はオーストロ・アジア語族のモン・クメール語群のムンダ諸語を話す人たちとして知られています。

一般的に言って、エチオピアでもそうだったように、インドでも定住した農耕民よりも牧畜民の方がかれらの民族衣装をとどめていることが多いのです。とくに男性が今でも民族衣装を着ているのは珍しいことです。普通は男性が先に着なくなり、女性だけが着ているというのがほとんどだからです。しかしかれらも遊牧や焼畑農耕がだんだんできなくなり、今では指定部族の 80%以上が定住農耕になっており、その中でも土地を持たない農業労働者が増加し、問題となっています。

身体加工を禁じられ、いれずみをしなくなると、身体装飾は衣服と装身具にほぼ限定されてきますが、定住農耕が一層進み、部族民の民族衣装を目にすることができなくなってきました。一方主に北東部諸州で見られるようになってきた、地方行政が主導しての民族別のフェスティバルがインド式の地域振興策として浮上してきています。もちろん各部族固有の祭りとは別に、かれらの中心の町の広場（グラウンド等）で日時を決めて、地域の御歴々を御招待して行われるものです。何人もの御歴々の長い祝辞に続いて、地区別対抗の歌と踊りのコンテストに、様々なアトラクションを加えたものが多いようです。もちろん現在は外国からの観光客が多数くるということにはなっておらず、参加する人たちも自らが主体的に企画し、参加しているわけでは必ずしもないし、日程がぎりぎりになって変更されたりといったこともあって盛り上がりはいまひとつです。

民族衣装はその日だけはかなり見られるのですが、衣装を身に付けての歌と踊りの地区対抗ともなると、これまでの地区ごとの衣装差異を越えて、衣裳として対抗上趣向を凝らして派手になったり、今は着ていないものを復元して着たりすることも出てきます。当然のことかれらの現在の民族衣装に影響を与えないはずがなく、昔ながらの衣装とフェスティバル用の衣裳が2本立てで続くとはとても思われません。フェスティバル用の衣裳が民族衣装ということにもなりかねないのです。フェスティバル自体は、部族民地域の振興策として行われ、あわよくば観光の目玉にと考えられているのでしょうが、こういう問題点もはらんでいるのです。

今では事前に依頼していない限り、北東部の村を訪ねても民族衣装を着ている人はまず見られませんから、民族衣装をまとめて見たければ、本来の祭りかフェスティバルに行かないと見られないということになってきました。観光化は両刃の剣なのです。それが現状です。インドとて例外ではありません。しかしそれに代わる地域振興策を考えるのは容易ではありません。

2009 年 8 月　　井上耕一

001 王妃の階段井戸(ステップ・ウェル)。乾燥地帯であるグジャラート州やラージャスタン州には、階段井戸は数百あるといわれていますが、その中で最大のものがパタン近郊にあるこの階段井戸です。(幅 17m、長さ 65m、深さ 28m、地下 7 層)

002 カワントの日曜市。グジャラート州南東部のラージャスタンに接するカワントの町に、周辺からさまざまな人たちが集まってきて、にぎわいます。

006 ポシナ近郊の農耕民ガラシアの女性たち。特有のパッチワークをした服を着ており、そこにファミリー名や自分の名を入れている人もいます。独特の耳飾りをしています。

010 ポシナ近郊の農耕民ビールの女性たち。ここではかれら特有の衣装を見出せませんでした。耳飾りはガラシアと似ていますが、よく見ると微妙に違います。ビールはグジャラート、ラージャスタン、マディアプラデシュ、マハーラーシュトラ 4 州の接する山地を中心に 1200 万以上が居住する指定部族です。

014 定住地はありますが現在も牧畜民であるバルワド。男性が白の上衣、腰衣、赤白のターバンの衣装を現在も日常的に身につけている数少ない人たちです。

018 左はダサダの郊外の村に住むバルワド。前者とは別の集団に属するので、ターバンや腰衣の色が異なります。
右はサレナのバルワド。歌と踊りを披露するためにかつてのマハラジャの宮殿に集まった男性。ジャケットや腰衣に手のこんだ刺繍がなされています。

020

ダサダの町はずれに掘立て小屋を立てて住んでいるミール。男性は屠殺業に従事しており、芸能者でもあります。女性は素材を自ら製作するわけではありませんが、コーディネーションがうまく、様々な衣裳や装飾に仕立てて、踊ります。

024

２回目に見たときは、それぞれ布は異なりますが水玉模様の布を使った衣裳を身につけて踊っていました。

030

ダサダ近郊の村。カラパリ・ラバーリー、バルワド、コーリー等の牧畜民が混住しています。男性は白のターバン、上衣に腰衣ですが、上衣は微妙にディテールが異なります。

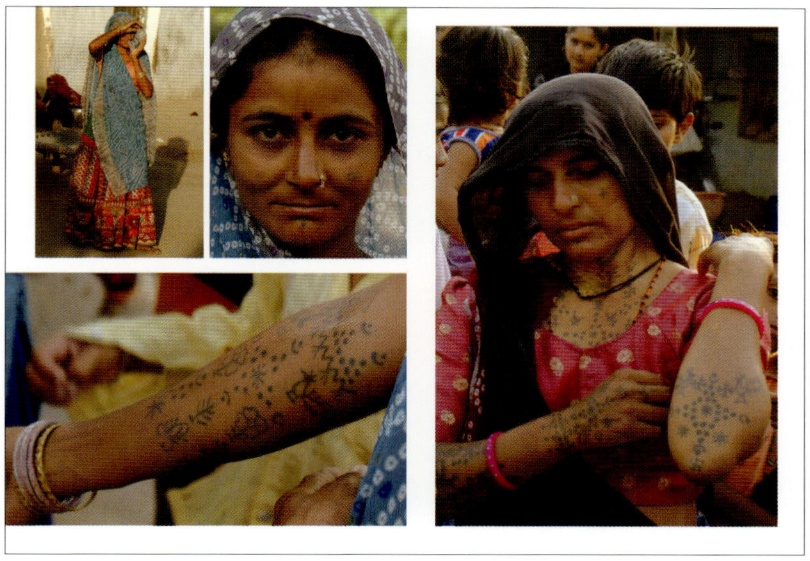

032

カラパリ・ラバーリーの女性のいれずみ。象形文字がいれずみされています。

034

ブジ近郊に住むカシ・ラバーリー。ラバーリーはらくだを飼育し草を求めて移動する牧畜民でしたが、らくだの利用が減るに従い、現在は羊、山羊、牛等も飼うようになってきました。現在は定住地を持っていますが、半年以上にわたって数百 km 離れた地にまで移牧している人たちが今でもいます。

036

女性も長期の移牧に出かけるときは本来の衣装を身につけていますが、定住地にいるときはそれぞれ好みの布地で作った衣服を身につけています。耳たぶに下げた耳飾りは既婚者であることを示しています。身体各処にいれずみをしている人が多いですが、カラパリ・ラバーリーとは異なるいれずみをしています。

040 放牧帰りのパトナのラバーリーの男性。
右は家財道具と子供をらくだの背にのせて、数家族で長期の移牧にでかけるラバーリー。

044 らくだの数日間の放牧に出かけるカシ・ラバーリー。
左右下は同じく放牧に出かけるジャト。右は本来は牧畜民だが、定住してブロック・プリントの工房で働いているジャトの一家。

046 ニローナ村でメタル・ワークを行っているルハール。布地は異なりますが同じ仕立ての上衣を着ています。前身頃と袖からなり、背中はひもでしばり、広く開いている上衣です。

048 もともとは牧畜民だが現在はほとんどが定住して、主に農業に従事しているアヒール。かれらも布地は異なりますが同じ仕立てのブラジャーをとりつけたような上衣を着ています。刺繍がうまいことでも知られています。

052 もともとは皮革業や機織りにたずさわるメグワールの家屋の内部。外壁は彼らの祭りに向けてドローイングの最中でした。室内の壁面にもミラー・ワークの装飾がされています。

054 刺繍、パッチワーク、ミラー・ワークやチロリアン・テープも使った独特の上衣を子供も着ています。

060

ラージャスタン州のタール砂漠の景観。

062

ラージャスタン州の都会の女性たちのスタイル。

064

結婚前の女性のスタイルとして、インドではどこでも見られますが、最近は結婚した後もこのスタイルをしている人もいるようです。

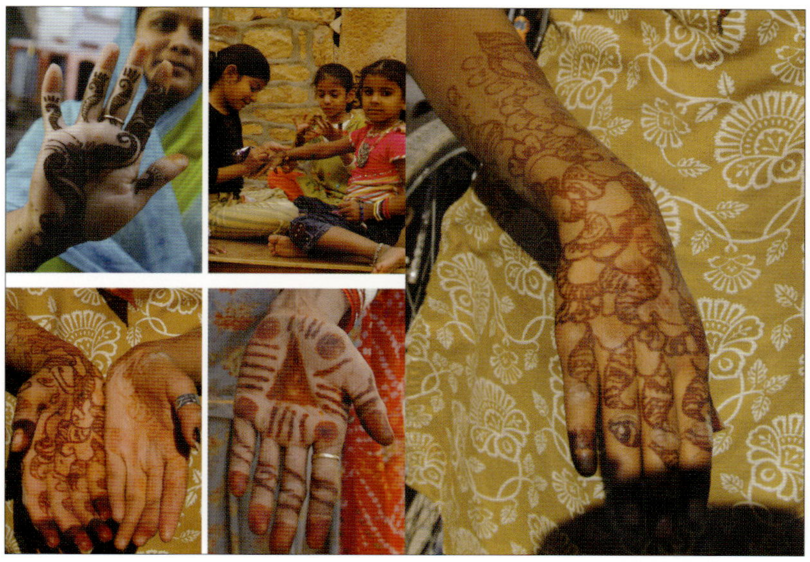

066

ヘナをしている人。インドではどこでも見られます。子供たちがヘナをして遊んでいました。

068

町に出てきた農村の女性たち。

070

長いスカートをはいているので、一般的に知られるサリーではありません。昔からの装身具をつけている人が都会より多いです。

074

男たちのさまざまな色、巻き方のターバン。

076

ブラーマン（いわゆるカーストの最高位の祭司階級）の村。かれらは他と区別するために、住宅の壁面をブルーに塗っています。右上は伝統的なブラーマンの儀式をしているところ。現在は主に農業に従事しています。

078

ビシュノイの民。元々はラージプートであったといいますが、現在は農業をしています。ビシュノイとは数字の 29 という意味ですが、かれらが 29 の戒律を持って生活している人たちなので、かれらの通称になったといいます。

080

電気、水道を今でも引かず、厳格な菜食主義者で、飲酒もしない。遺体は土葬するなどの戒律を守って、シンプルな生活を続けています。住居の内外とも、きちんと整頓され、掃除が行きとどいています。

082

鼻輪、足輪は結婚後に付けます。老婆のスカートは昔からの布地を使ったもので、布地は町の市場に行けばビシュノイ用に今でも売っているとのことです。

086

カルベリア・ダンスを踊るヨギ（ヒンドゥー教徒の芸能者）の人たち。

094 マハラージャの宮殿ホテルで踊る人たち。右はジャイサルメールで現れた長い髭が自慢の男性。父親は髭の長さでギネスブックに載ったとか。

096 ジャイサルメールの城址で見た蛇使い。

098 蛇使いの母娘。籠の中で化粧した幼児が眠っていました。

100 西ネパールの菜の花畑。

102 バルディア国立公園周辺に住むダンガー・タルー族の日常の衣服。タルー族はイスラム勢力に追われて、インドのラージャスタンから隣接する西ネパールに移動してきたといいます。

104 昔からのアクセサリーは誰もがセットで持っているわけではなく、代わるがわる自分のものに他の人のものを組合せて、写真におさまりました。

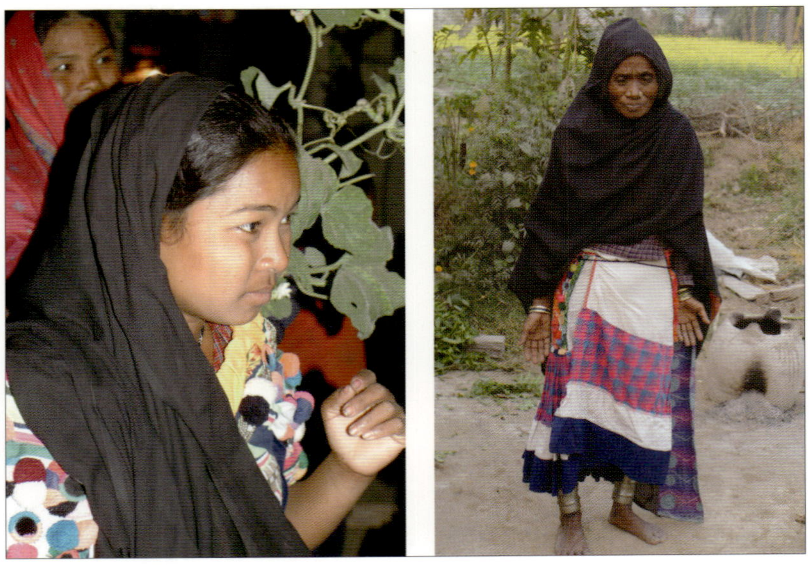

108

西に向かったジャラリー村のラナ・タルー族の衣装。腰回りに細かい刺繍のある布を付けています。

114

ネパールの西のはずれ、サンカルプールのカンジュ村のラナ・タルー族の村で見た踊りとその衣装。

118

右下は若い女性たちの日常の衣服。

122

サンカルプールのバイバー村のドンゴラ・タルー族の踊りと衣裳。

124

年長の女性の中に、足や腕にいれずみをしている人たちがいました。
右の右下は、村はずれで客を送る踊りをする男たち。かれらは客の送迎もする村の広報を担当する職業についています。

126

チベット・ビルマ語群アパタニ族の村の前に広がる稲田。稲作に秀いで、外からの見学者も多いといわれています。

128

アパタニ族の女性は顔にいれずみをし、鼻翼に穴をあけ、そこに最初は小さな木片をはめこみ、だんだん大きくしていくという独特な身体装飾を行ってきました。現在は禁じられているということで、ある年齢以上の人しかしていません。

130

周辺の他部族の男性が美しいアパタニ族の女性をさらっていくのを防ぐために始まったといいます。

132

彼らの祭りであるドリー祭での衣裳。いれずみの人、いれずみに鼻の木片を何かで書いた人、いれずみも鼻の木片も書いた人等さまざまです。

134

祭に集まった占師の頭飾り。かつては一般の人もこういう頭飾りをしていたといいます。
右下はアパタニ族の男性がかぶる帽子。

136

チベット・ビルマ語群のワンチョ族のオリア・フェステバルの衣裳と踊り。

140

日常の男性の衣服。寒い時期なので長めのコートや上衣を身に着けていますが、かつては男性はふんどしだったと思われます。南のナガランド州のいわゆるナガ族に近い人たちです。

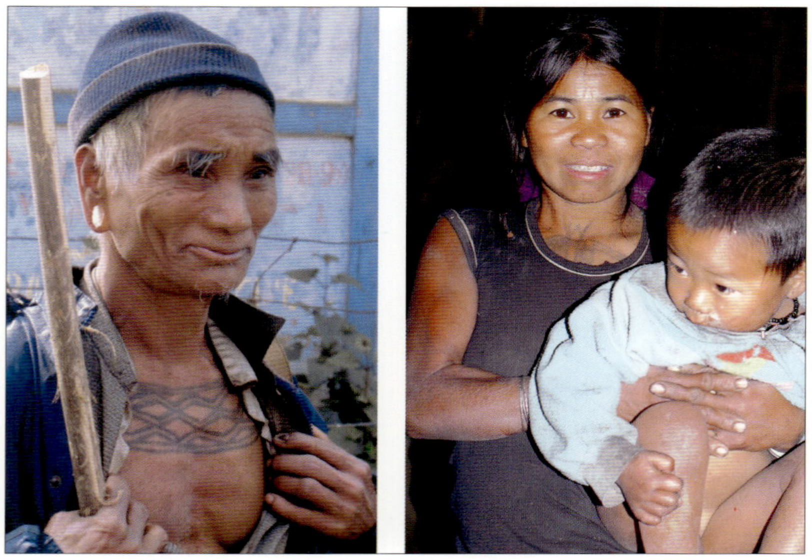

142
男女ともかつてはいれずみをしていたので、今でも年長者には見られます。

144
チベット・ビルマ語群のチャン族の集落。かつては幅広い道をはさんで、両側にこのような家が並んでいたと思われますが、現在はとびとびしか残されていません。

146
アルナーチャル・プラデシュ州との州境に住むチベット・ビルマ語群のコニャク族の村。ローポン王という王様が今も村をとりしきっています。

148
左上の息子たちはもういれずみをしていません。ここでは位が高くないといれずみを入れられなかったそうです。左下は、家の入口に飾られたミトゥン牛の頭骨。多いほど格が高いことを示しています。

150
左はコニャク族の別の村のカオ王。
右下はショールを織っている女性たち。

152
ナガランドでは乾期の朝夕は冷えるので、厚手のショールをまとっています。模様は部族によって異なります。

154 チベット・ビルマ語群のサンタル族の村で戦いに出るときの戦士の衣装を見せてもらいました。

156 左はチベット・ビルマ語群のアンガミ族の村の入口の門。
右はナガランド州の州都コヒマに住むアンガミ族の男女の衣装。

158 トフェマ村でのアンガミ族の踊りと衣裳。

160 クンドゥリの金曜市や放牧に出かける人たち。

162 オリッサ人の家の入口。女性は米を石臼で粉にし、それを水にとかして入口回りの壁面や地面そして内部の壁面に絵を描いてきました。

164 パダ・パロジャ族の村。女性はいれずみをしています。

166

マルドゥーンの土曜市。

168

ディパグラの木曜市。

170

ナラヤンプールの土曜市。アブジャ・マリア族の男性は頭に大きなボンボンをつけたターバンを巻いています。

172

チャティコナの水曜市に向かうドングリア・コンド族。遠いところで 20〜30km 歩いてくるという。

176

アンカデリの木曜市に向うボンダ族。男性が運んでいるのは自家製の酒。25km ほど離れたところから歩いてくるという。かれらの村には立ち入ることができないといわれています。

178

女性の上半身はビーズ飾りだけ、下半身は短い巻きスカート。

184

ガダバ族の女性は大きな耳飾りと首輪をつけています。

188

ゴンド族の男性の歌と踊り。

190

ムリア・ゴンド族の村での男性の踊り。

192

葬式のあとの儀式。男性が化粧し、異装をして、音入りでねり歩きます。チトラコット。

194

左はオリッサの村での花嫁衣裳。
右は都会での花嫁衣裳。

196

イタリア人女性によるオリッシー・ダンスの学校－アート・ヴィジョン・ダンススクールの生徒による踊りと衣裳。ブバネーシュワル。

001

Gurudev

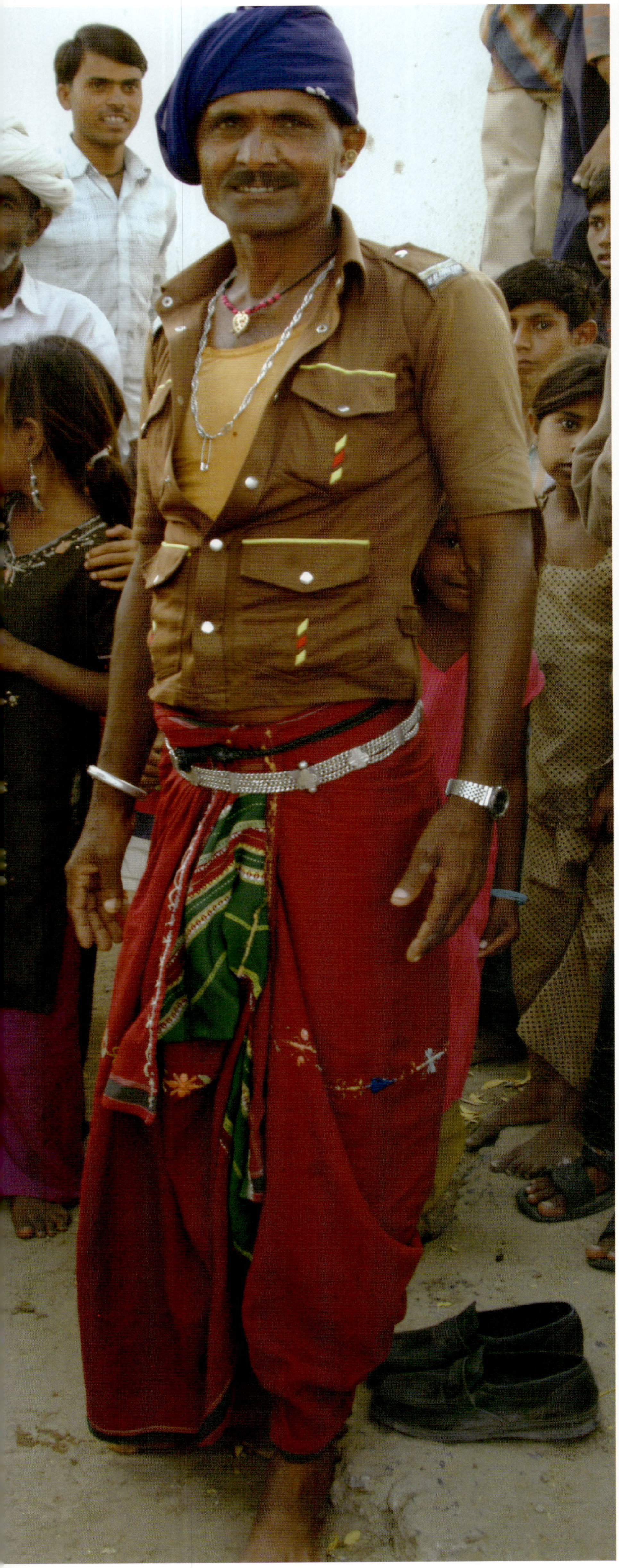

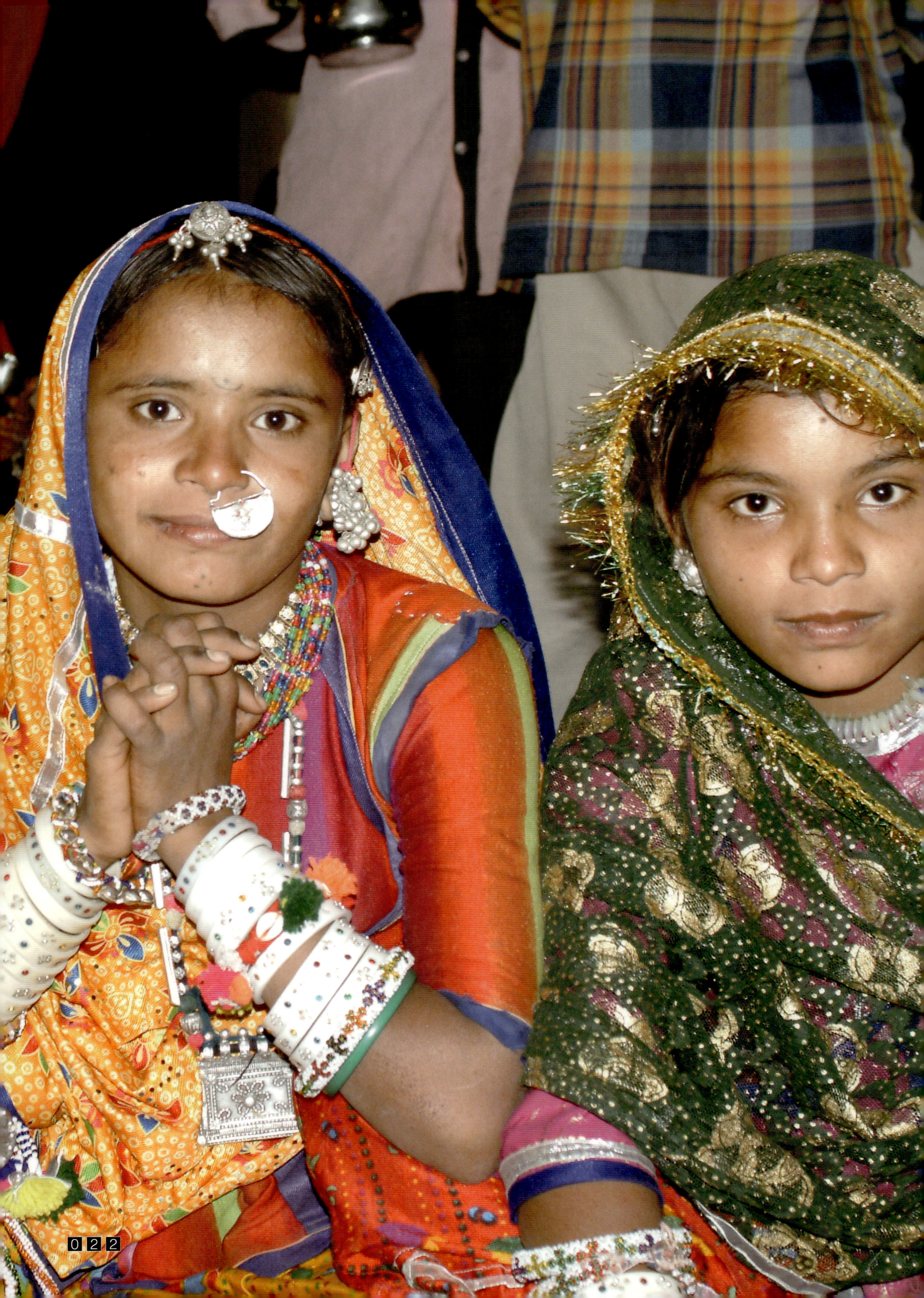

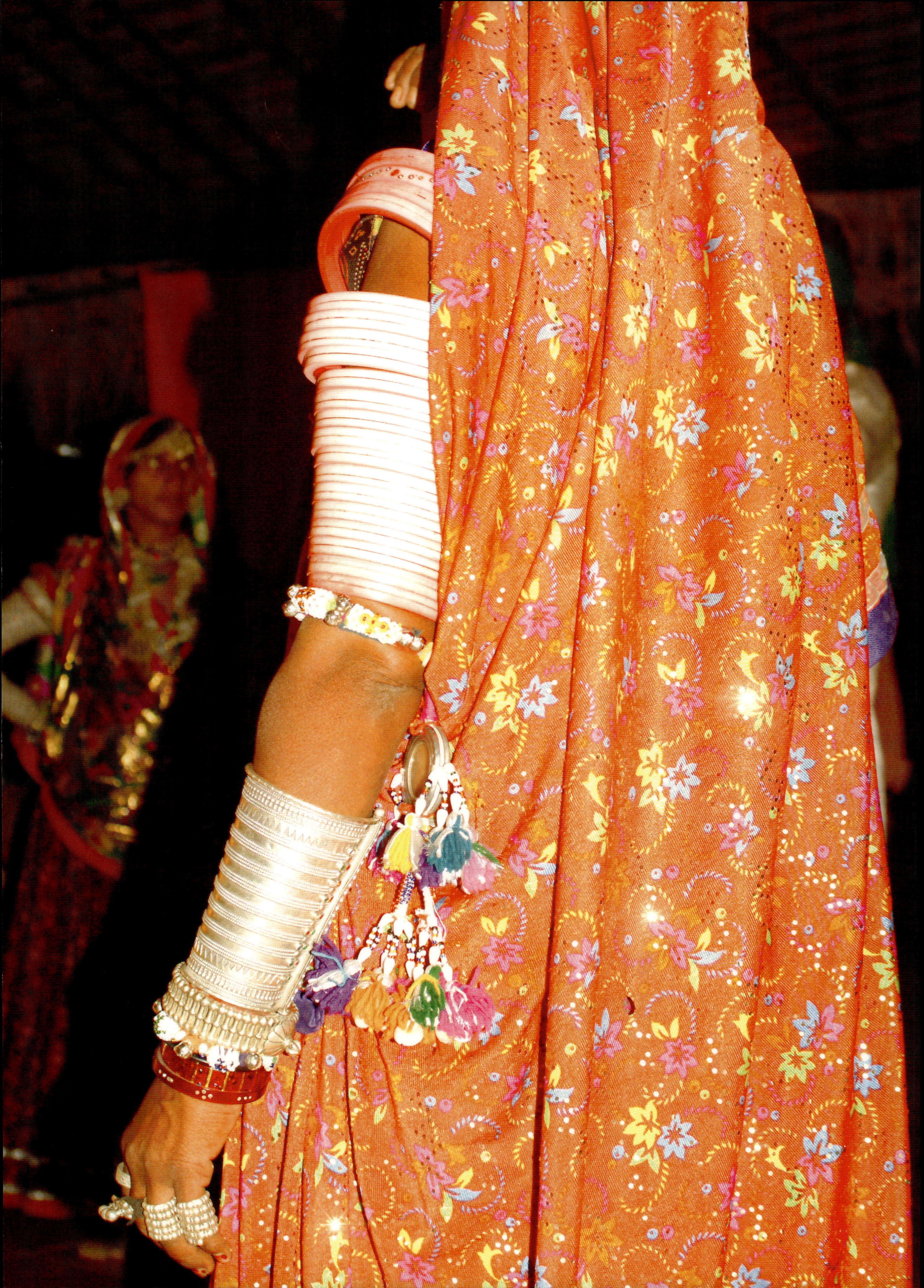

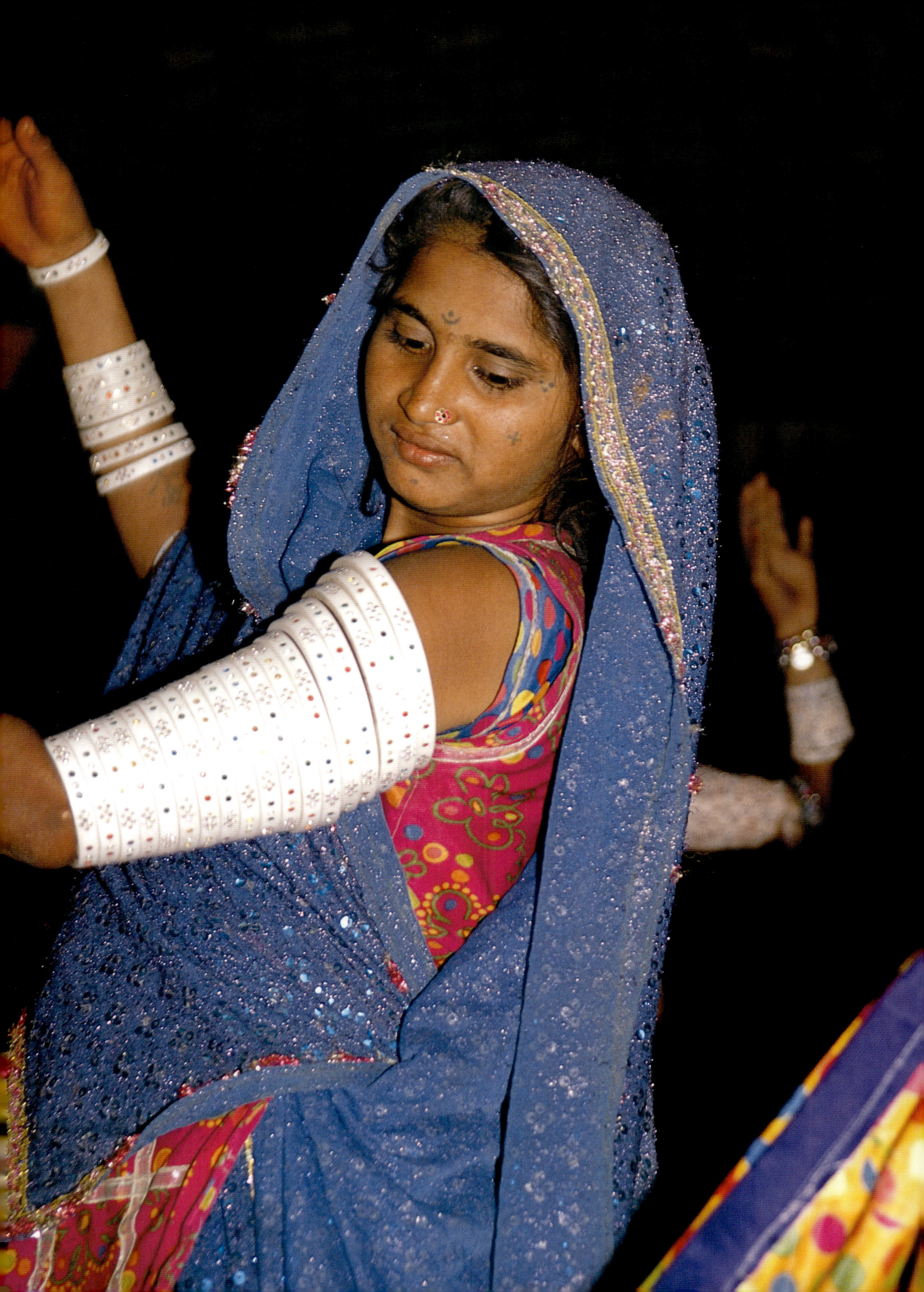

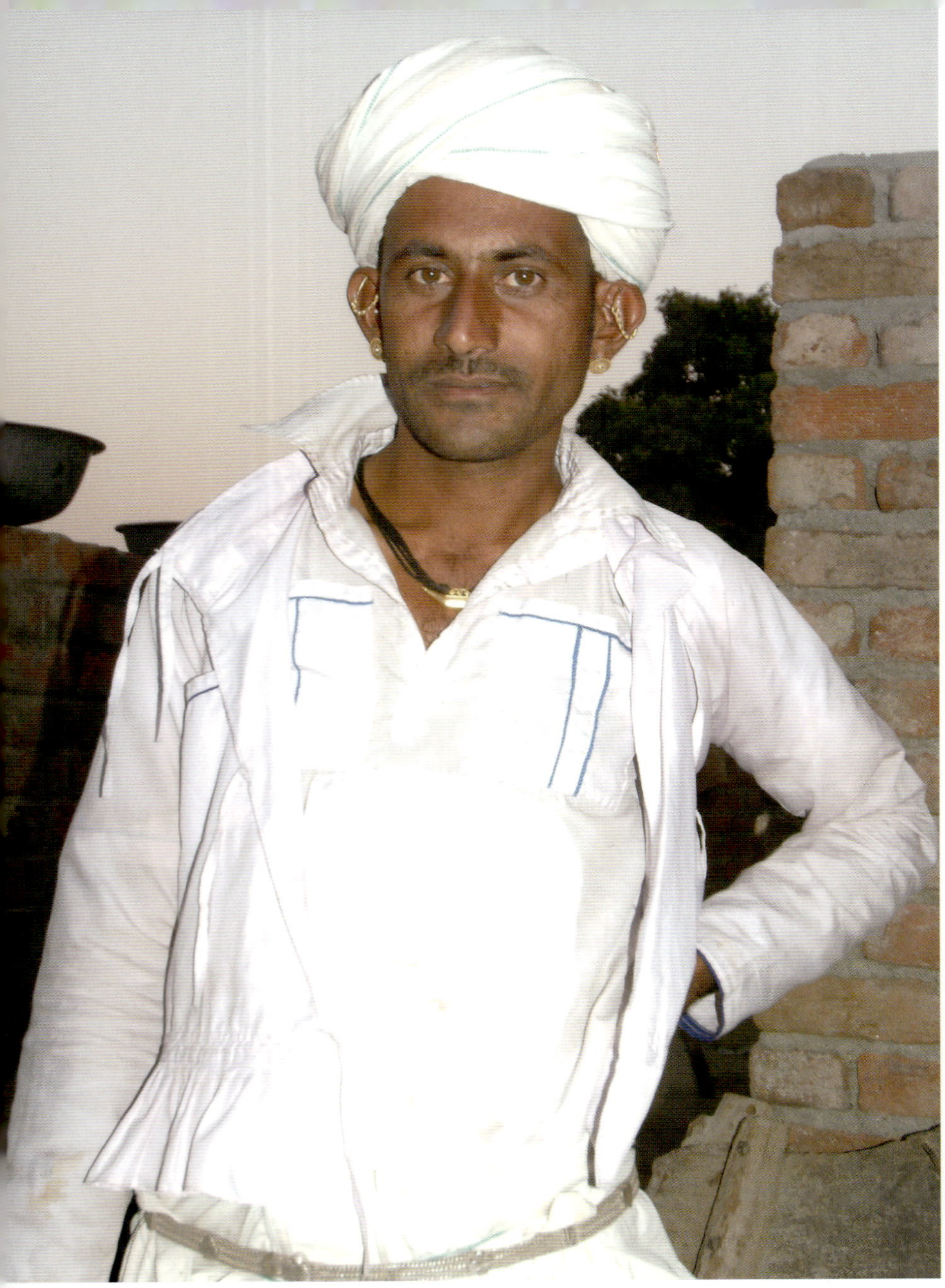

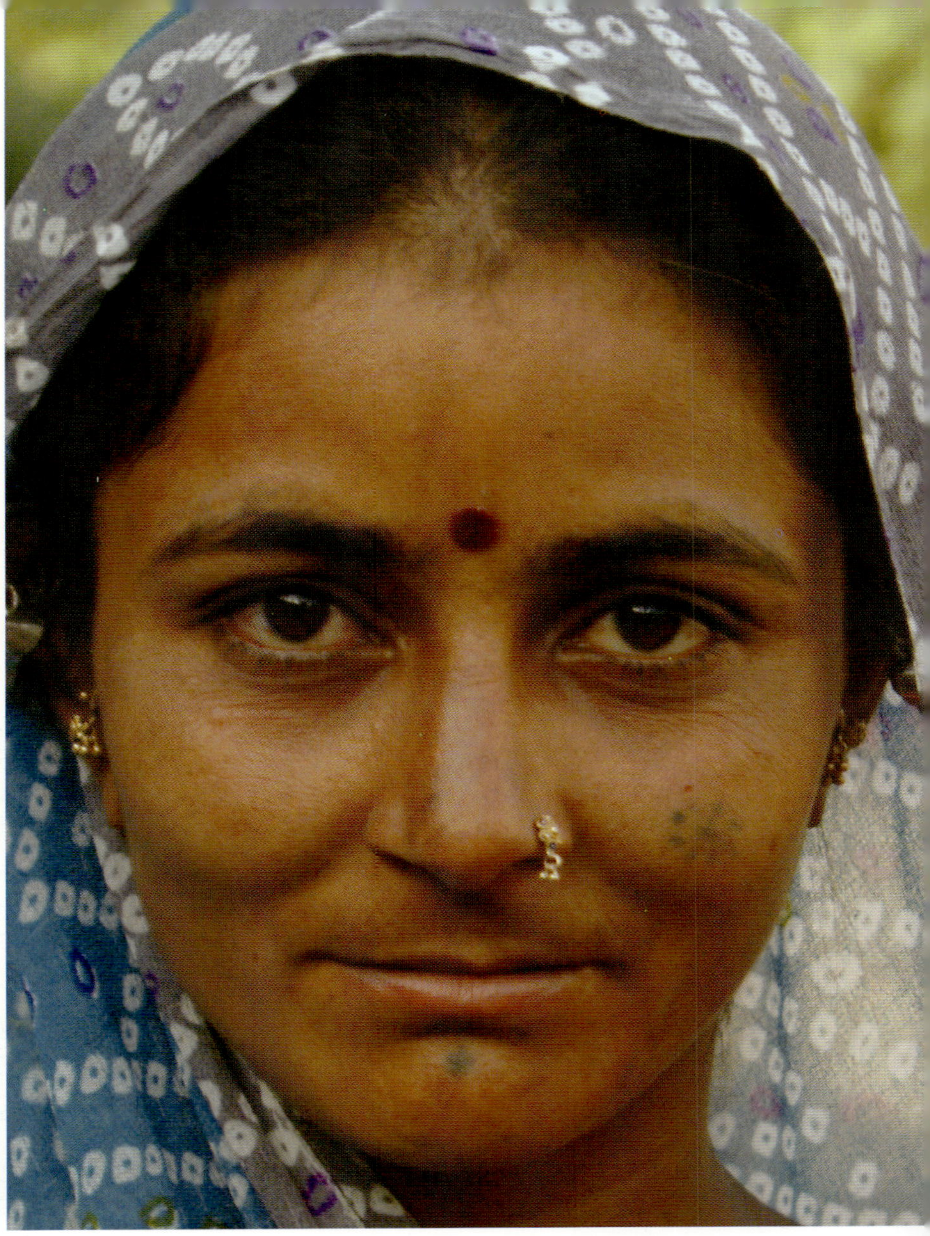
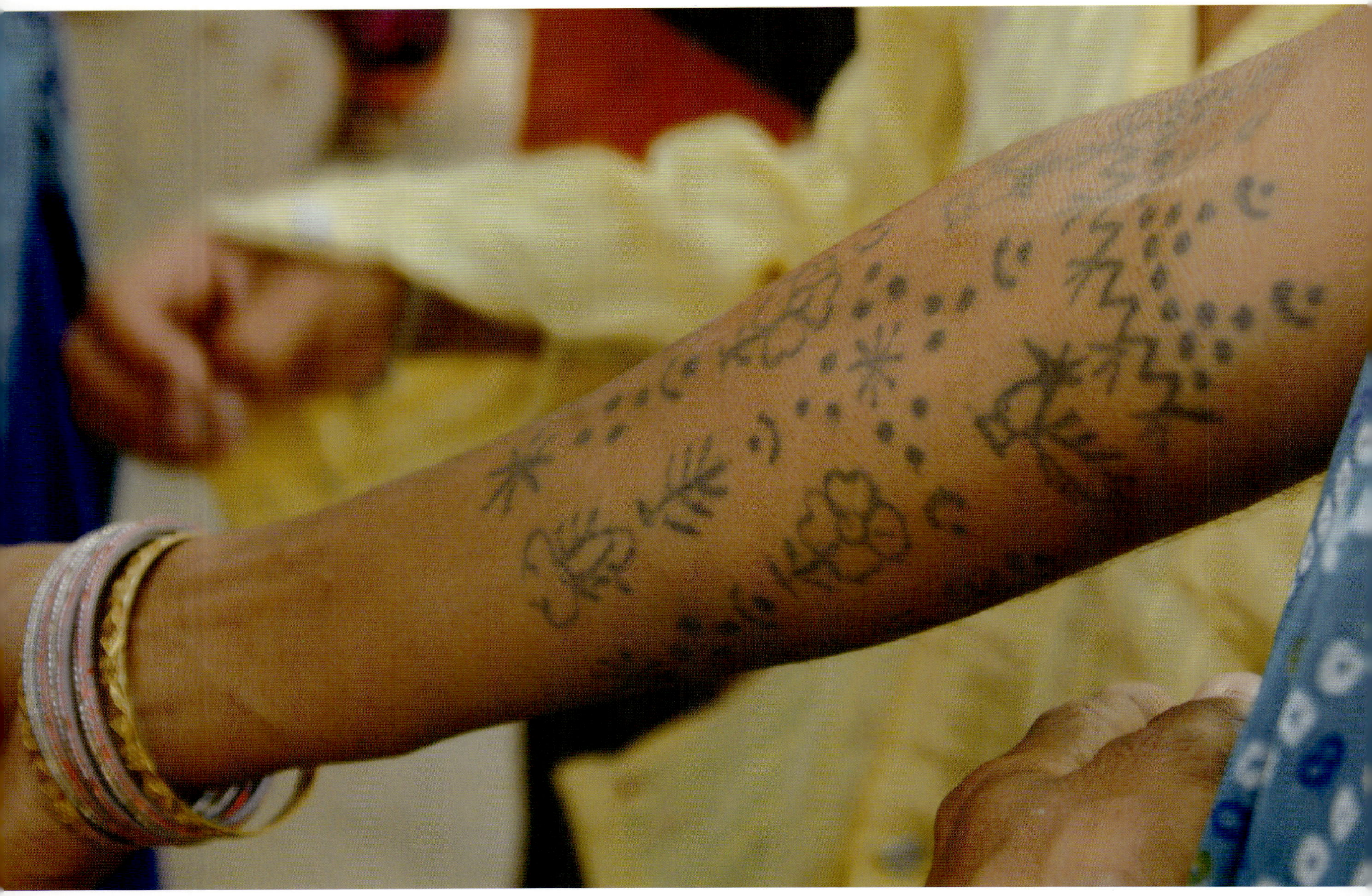

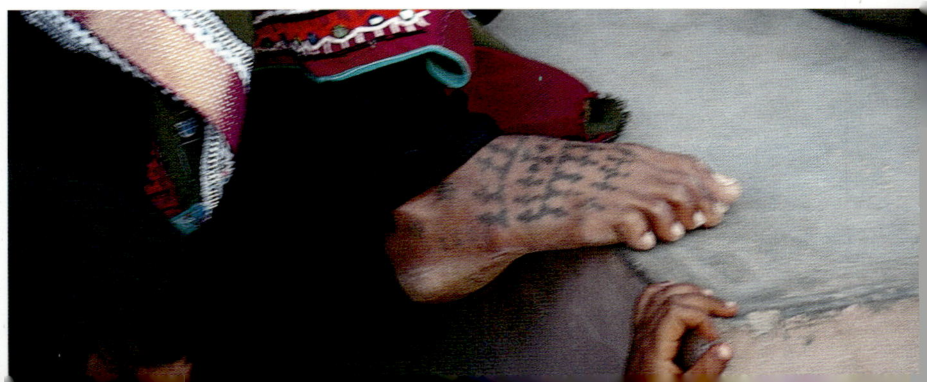

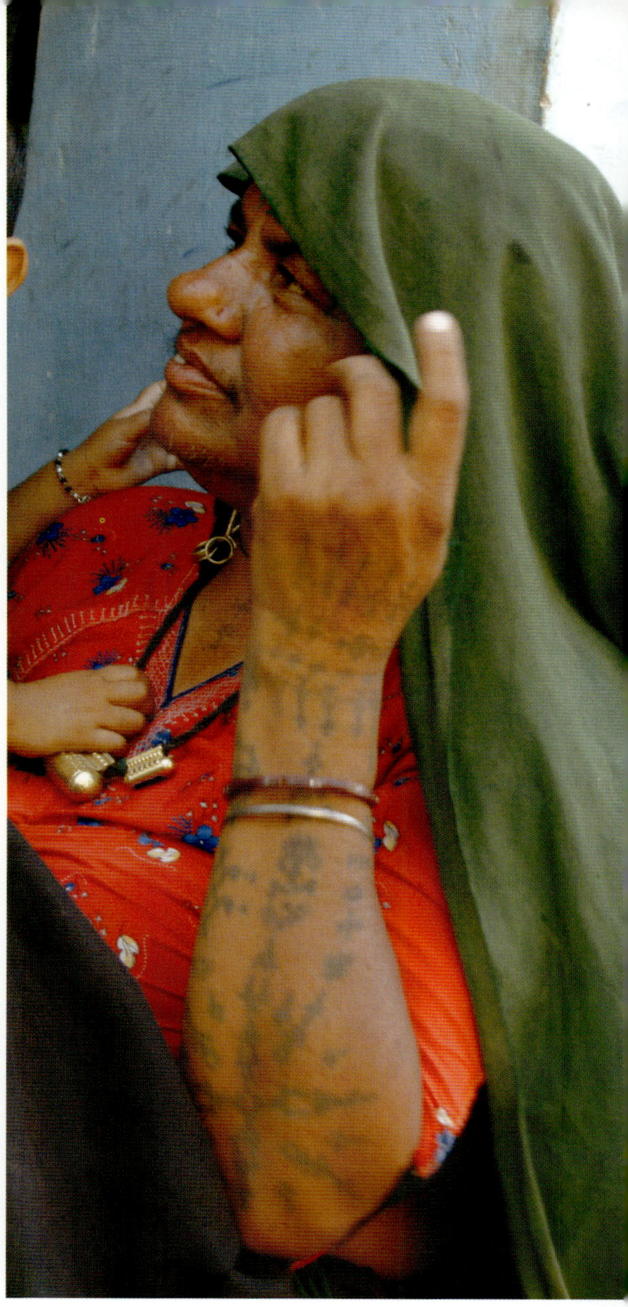

32

LG
COLOUR TELEVISION

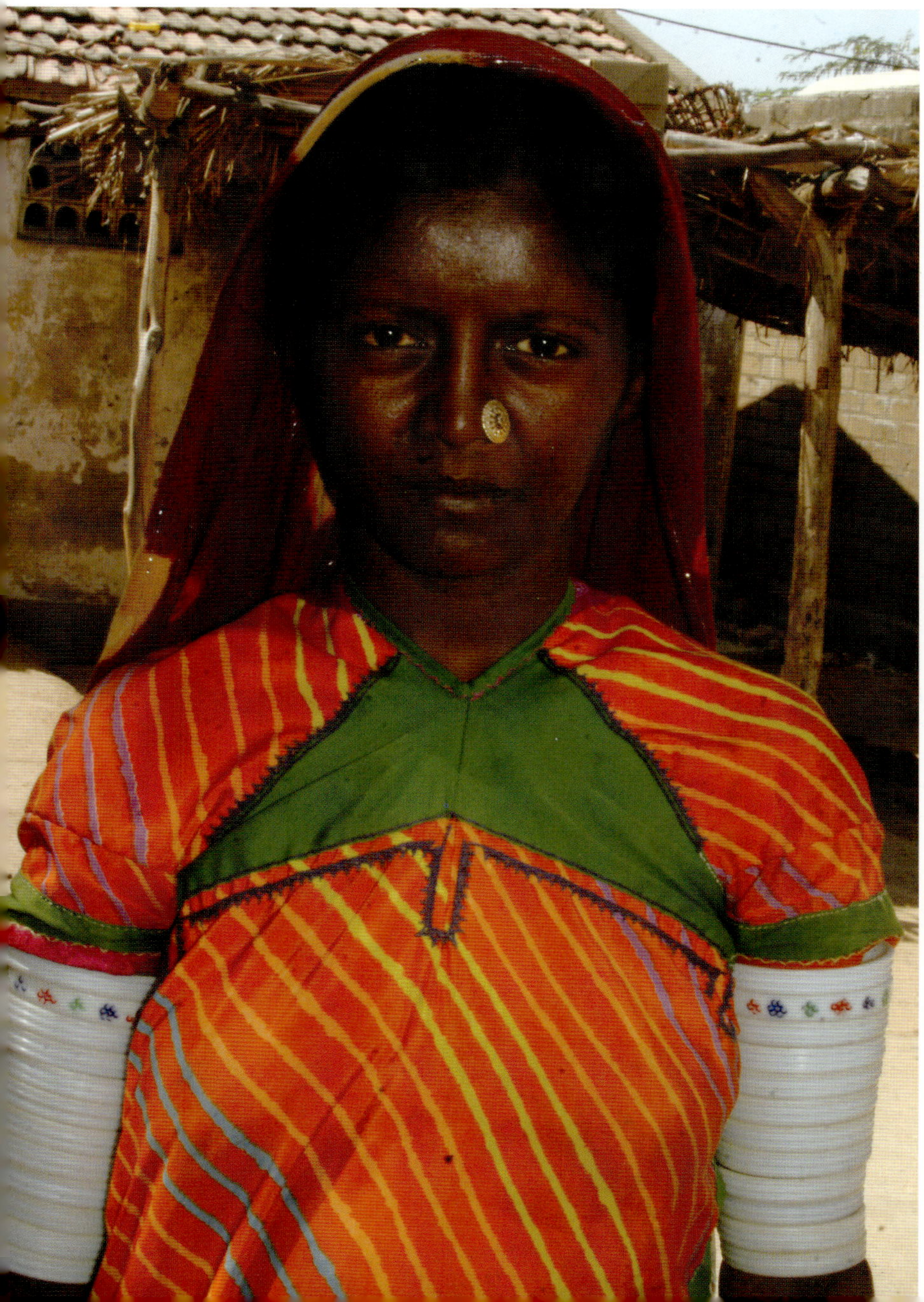

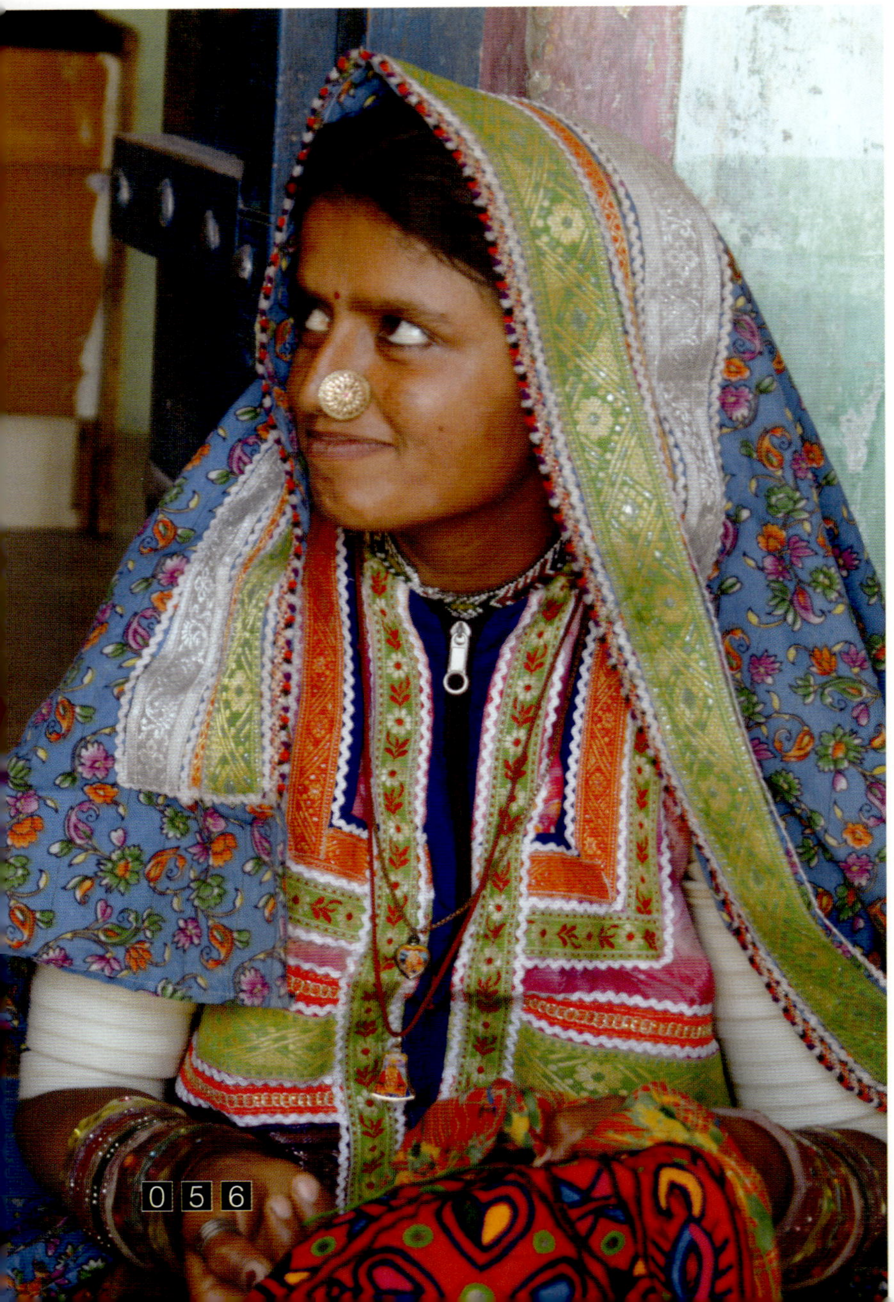

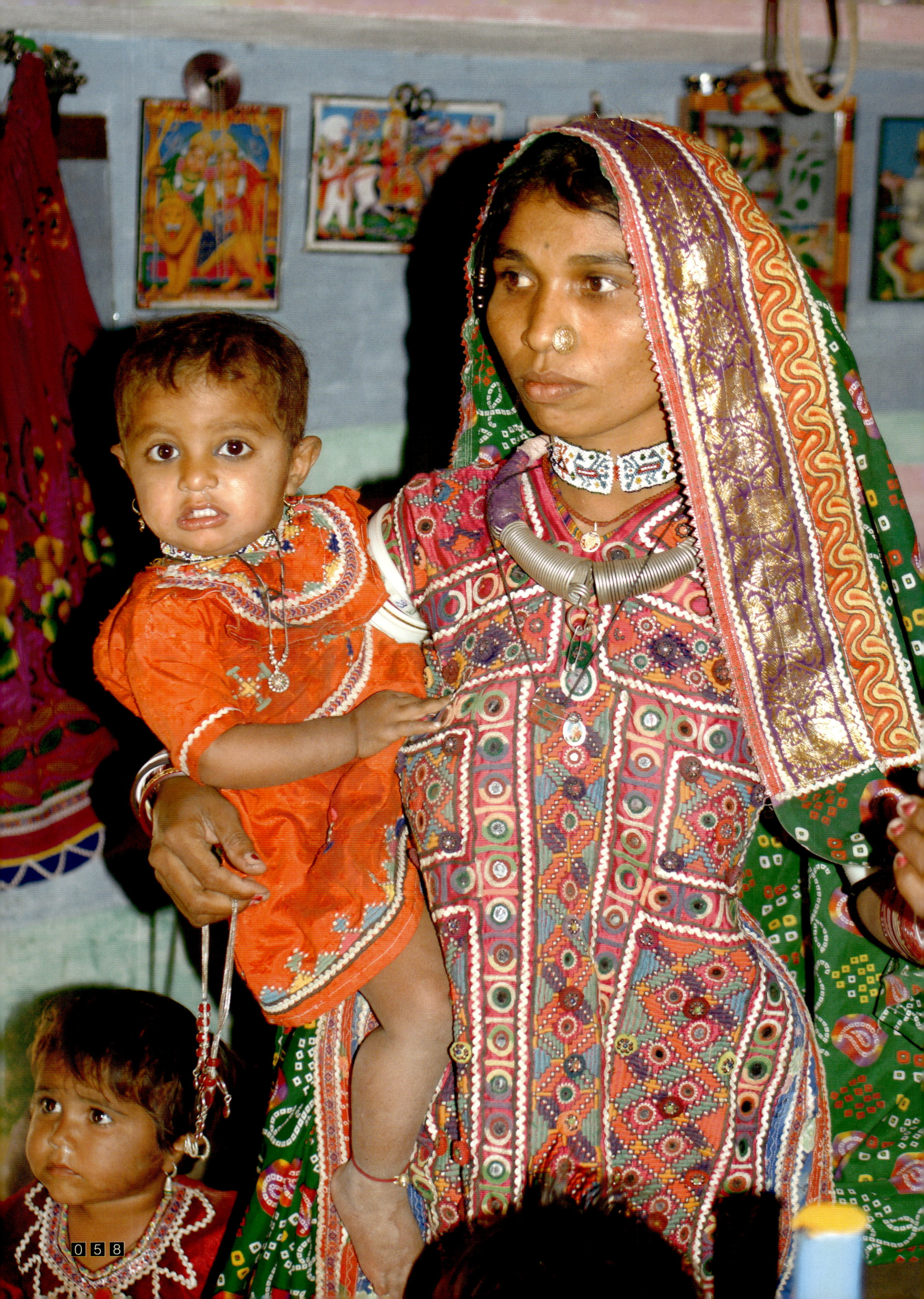

2004

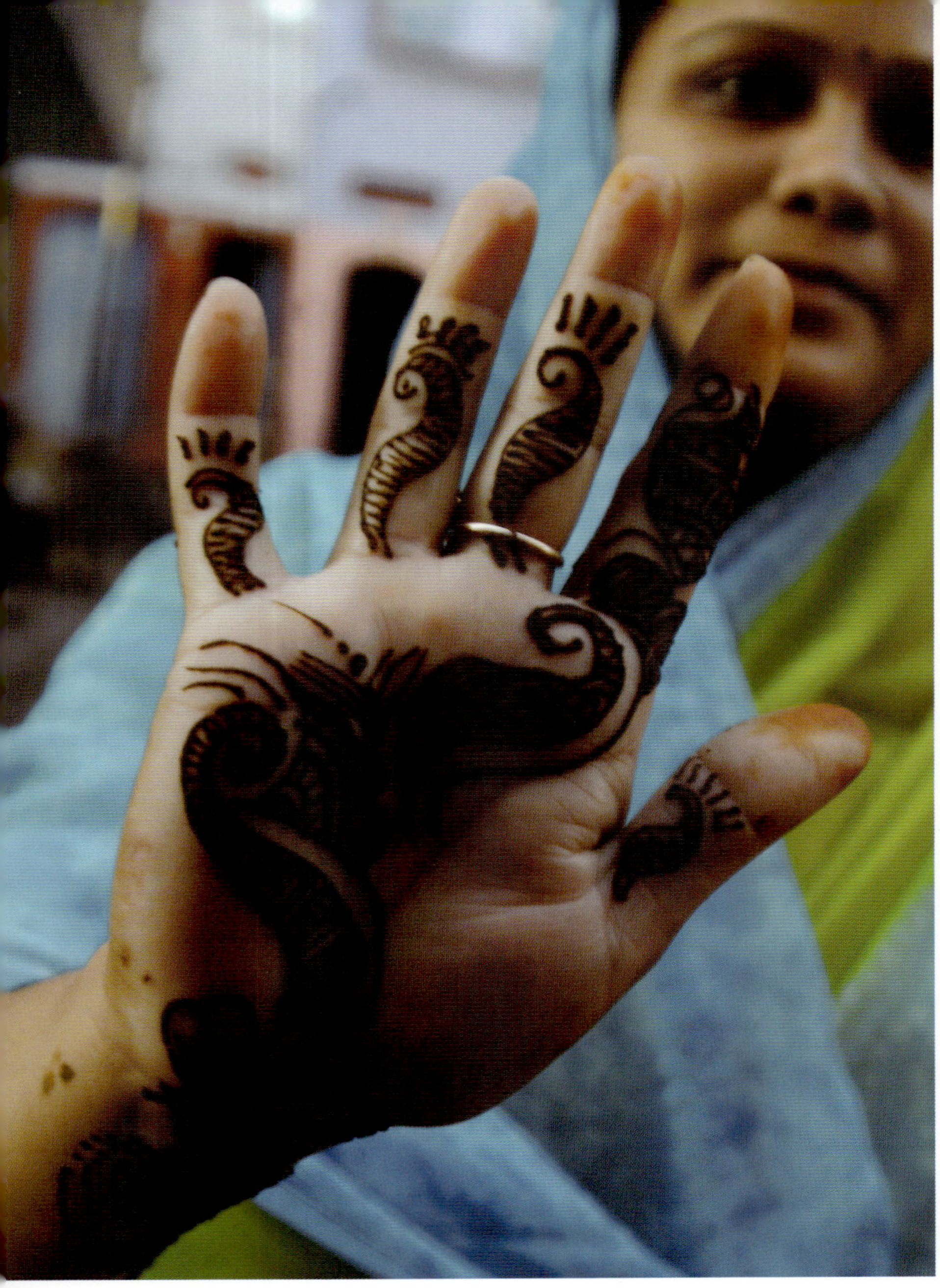

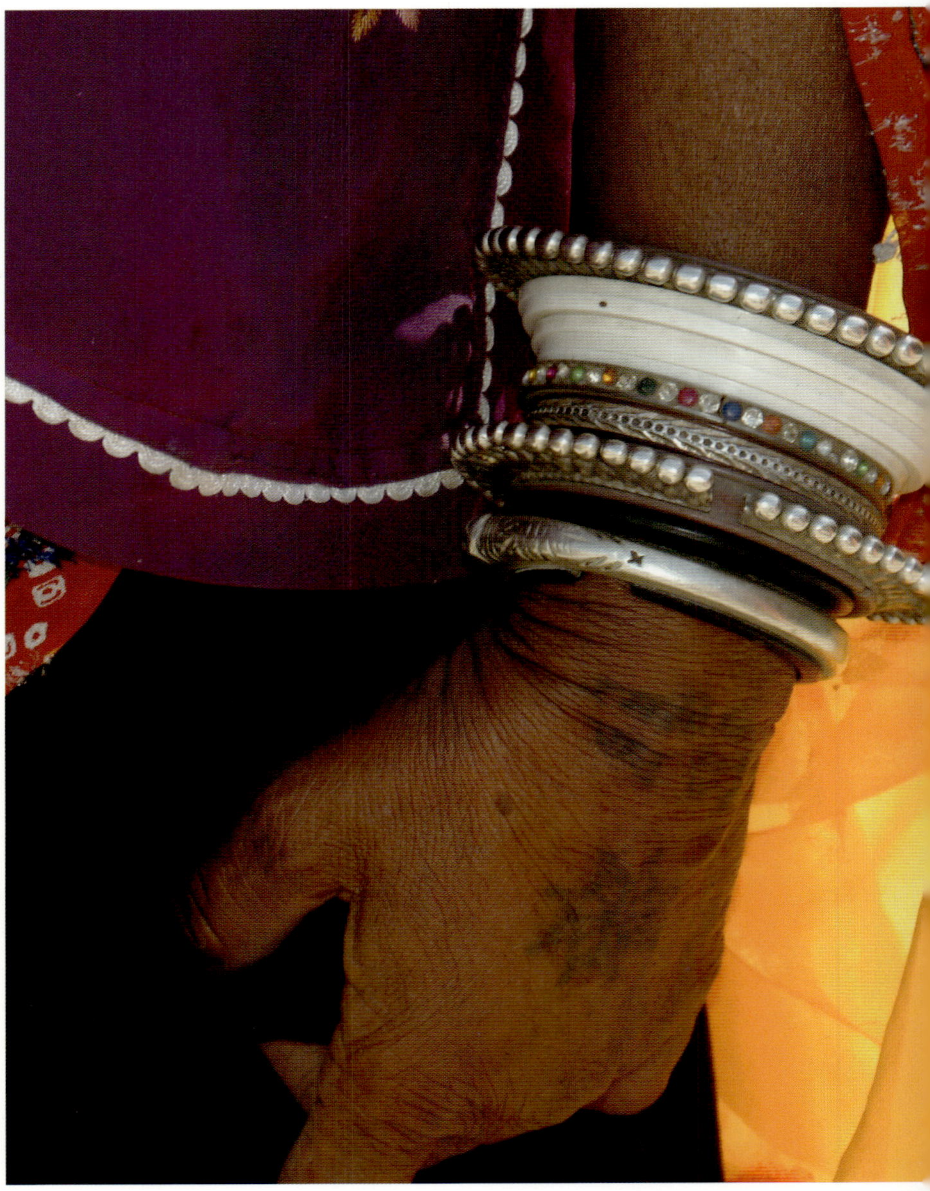

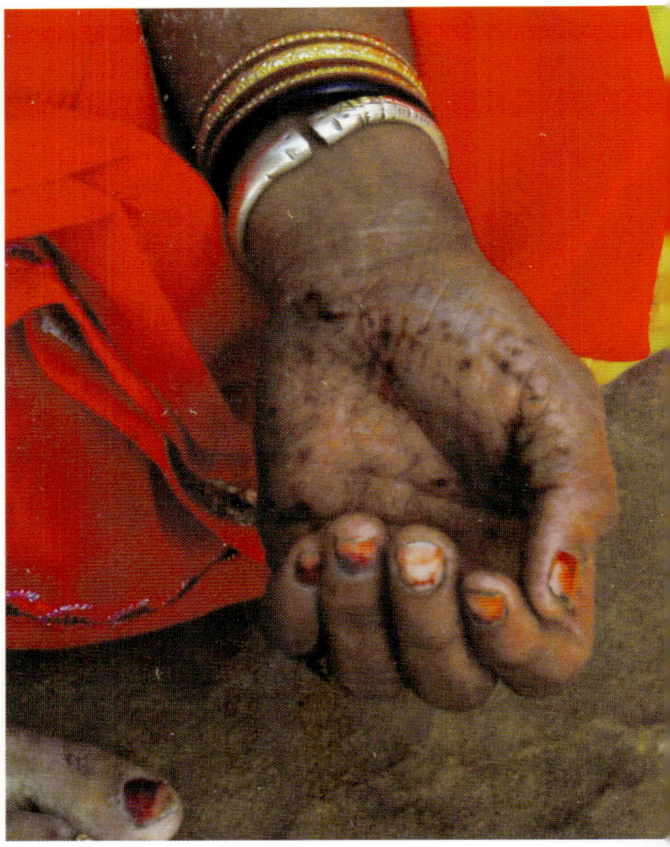
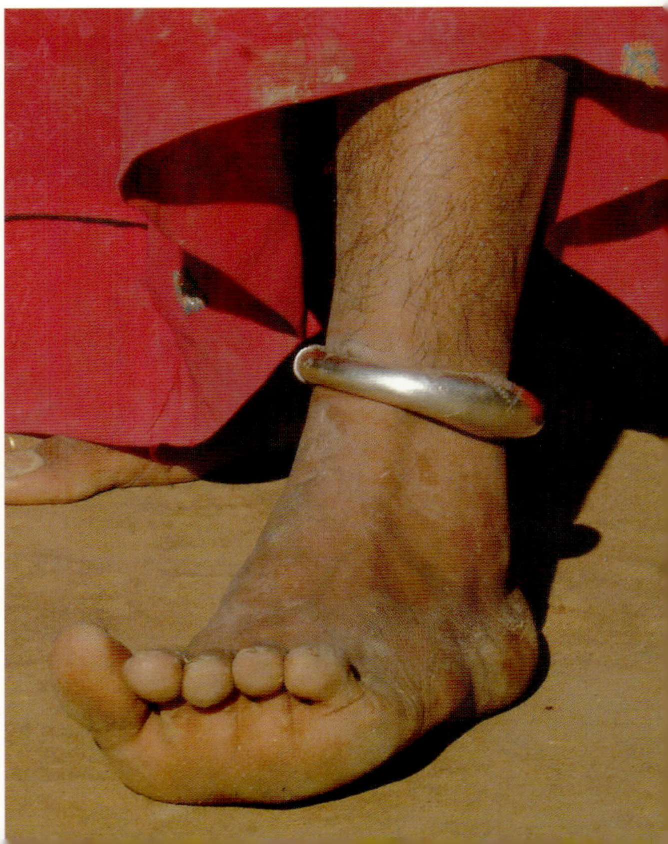

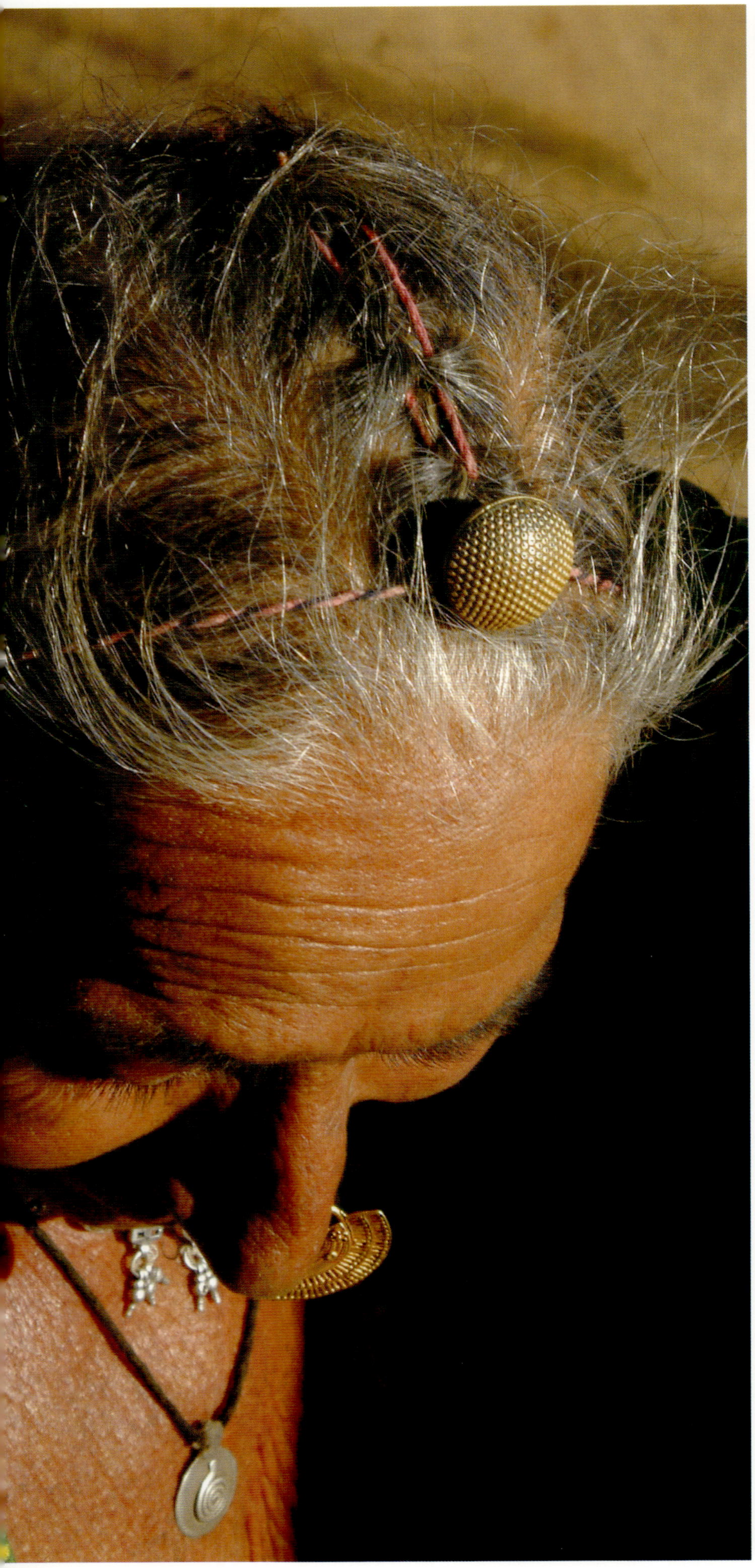

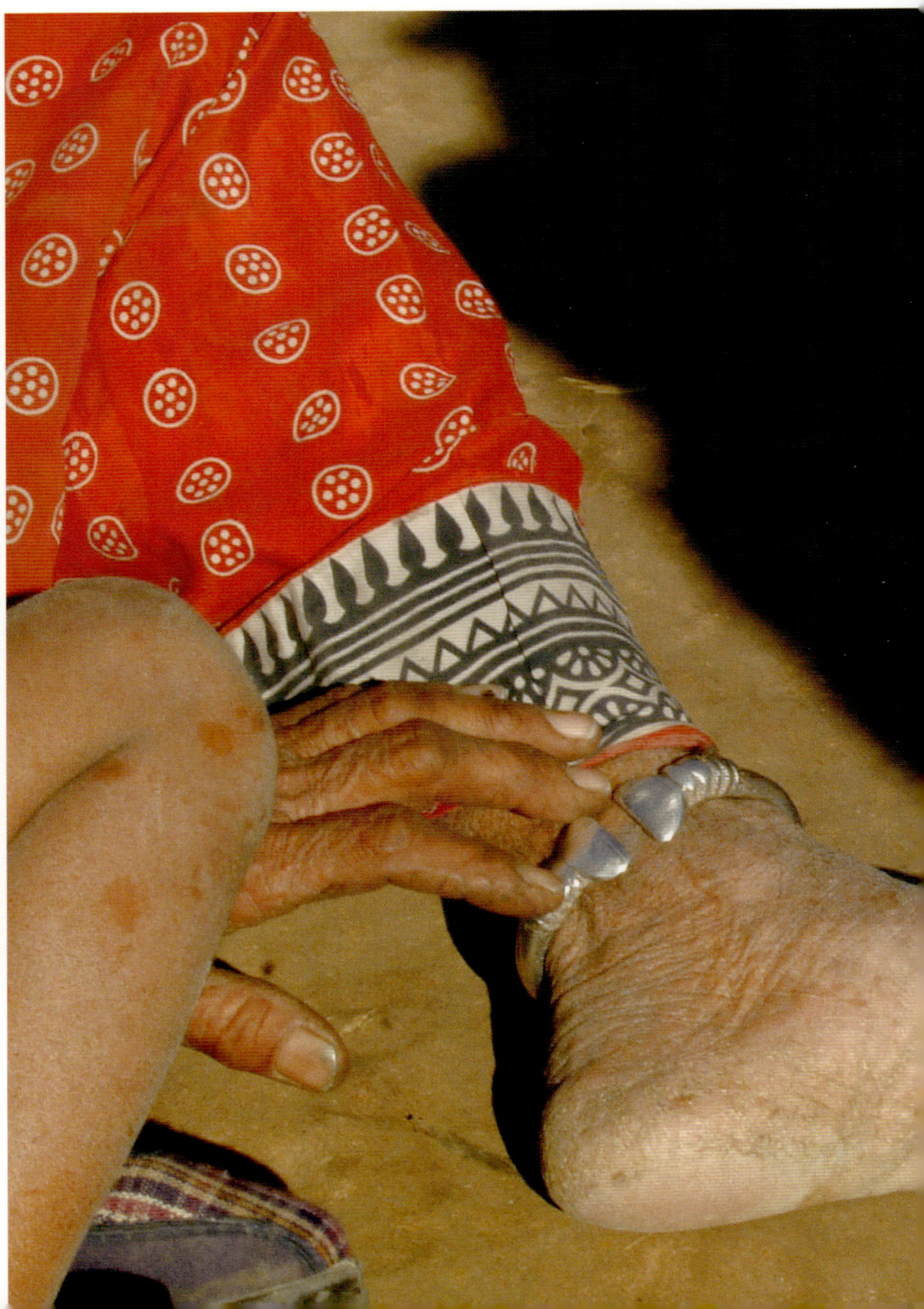

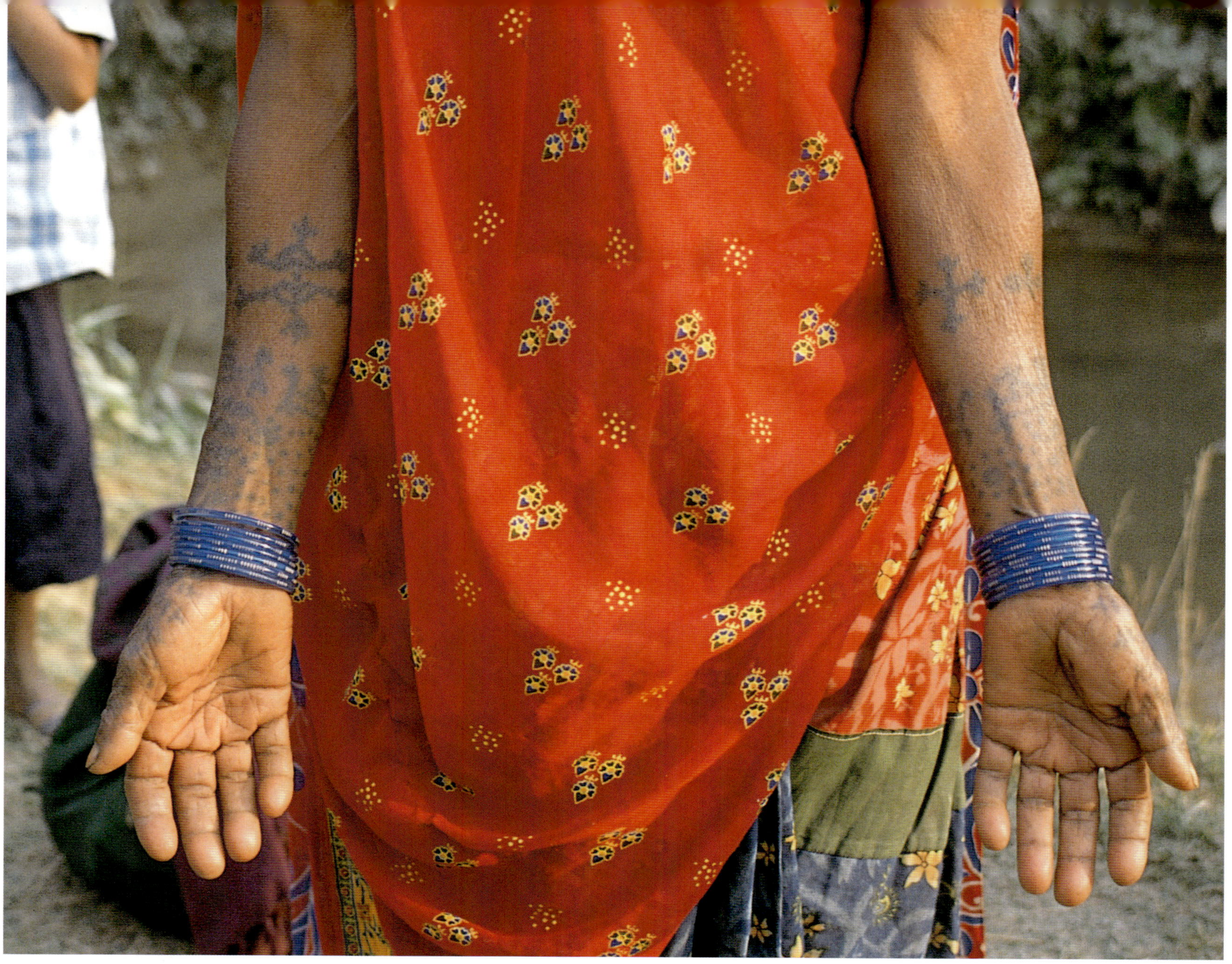

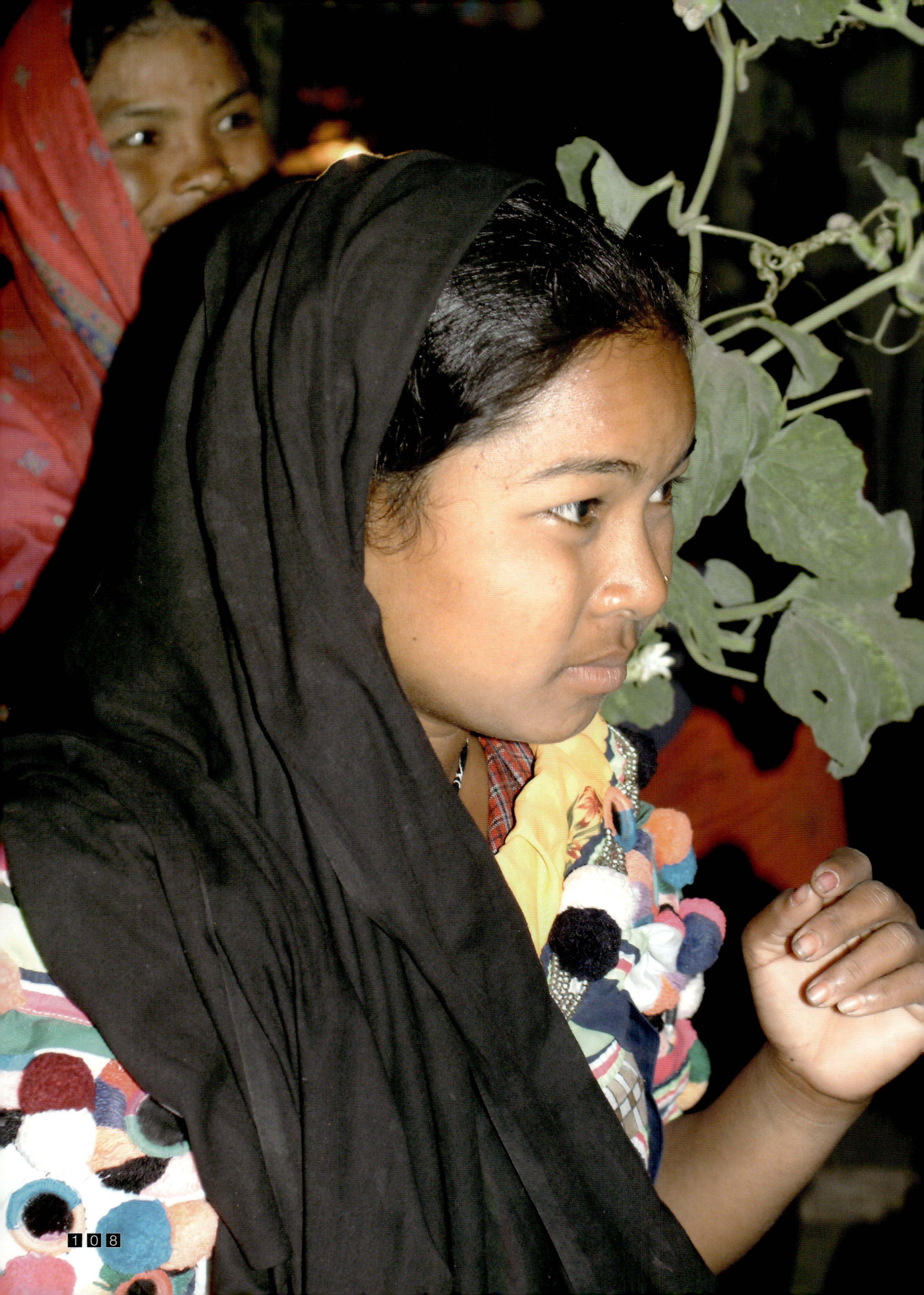

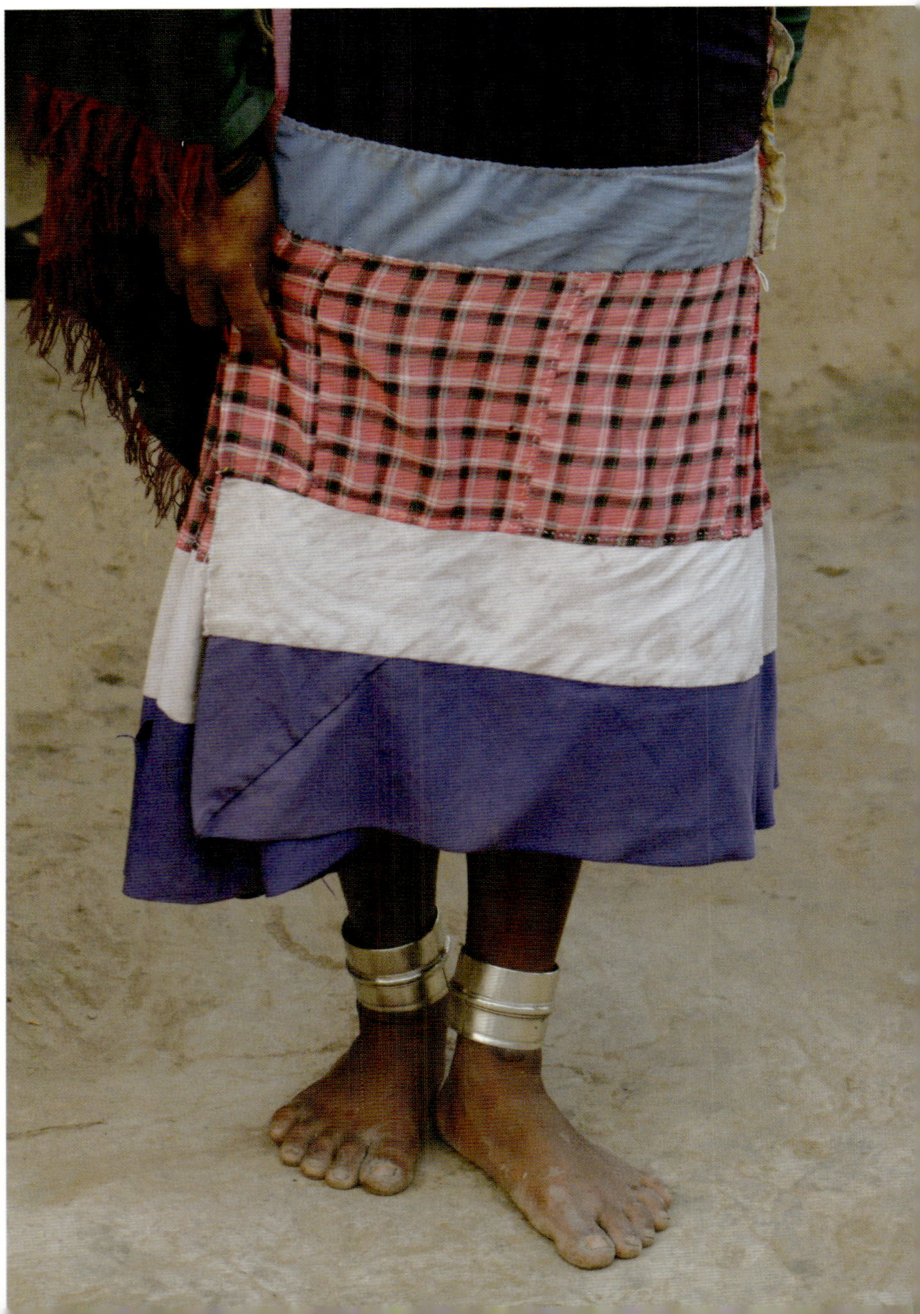

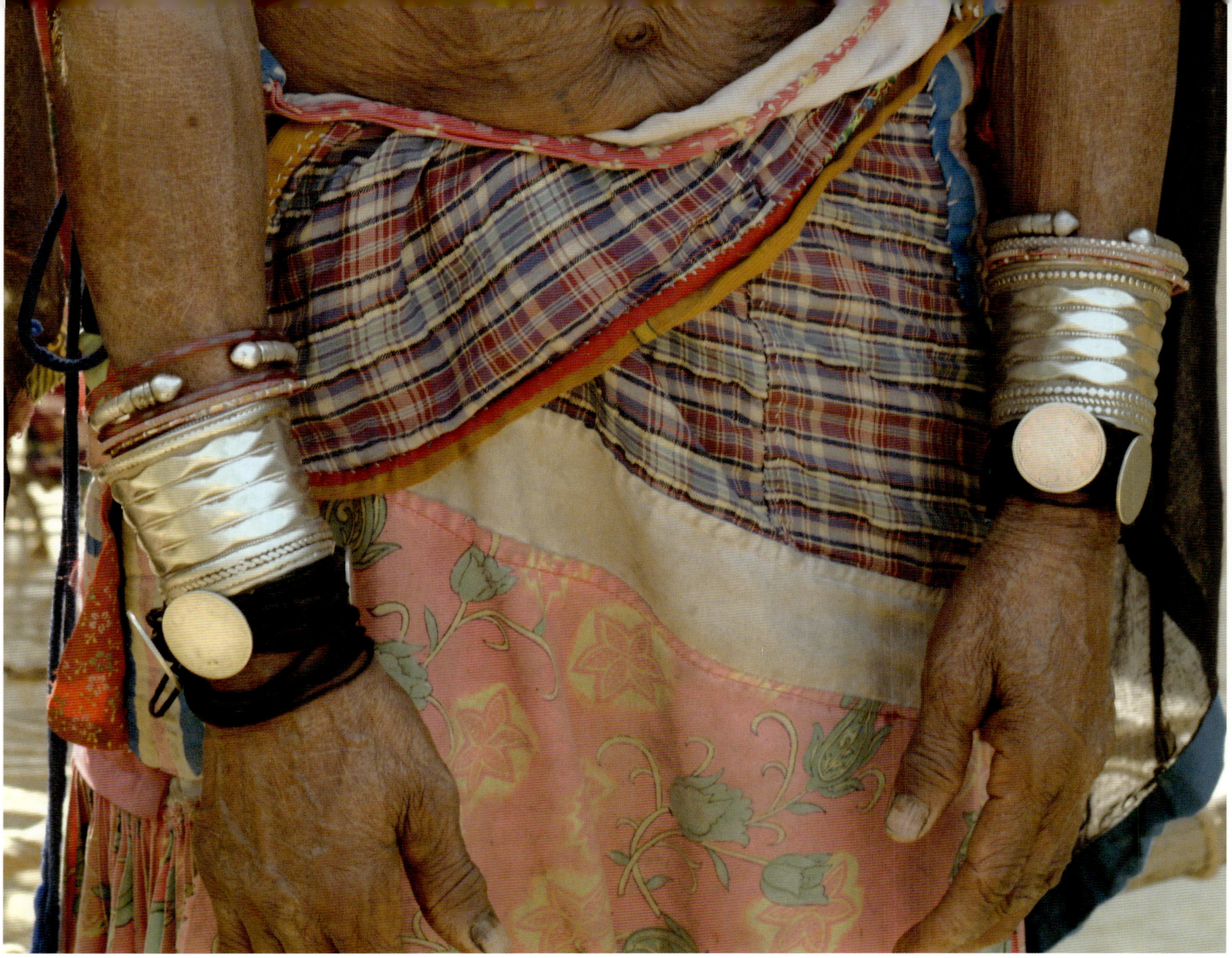

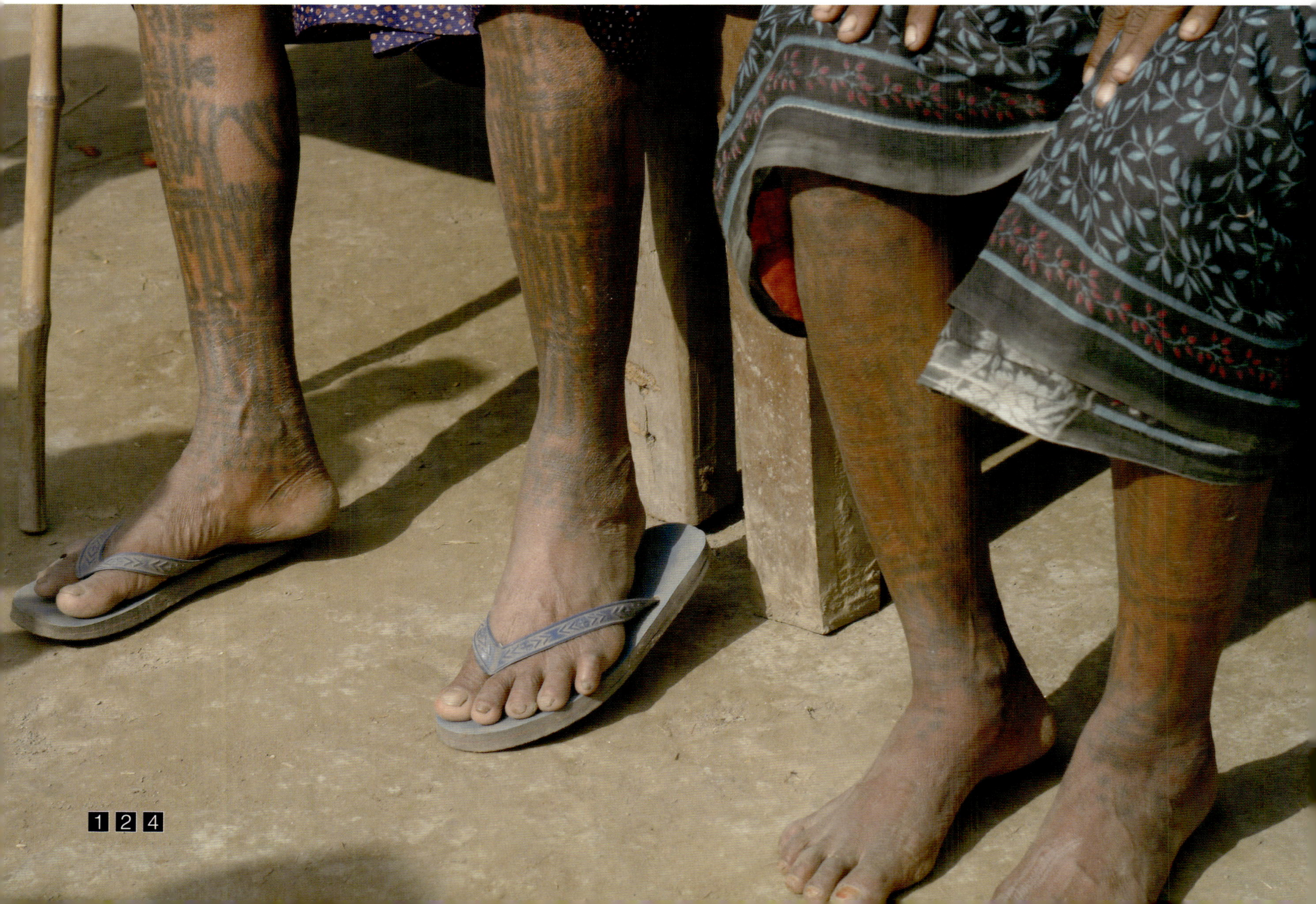

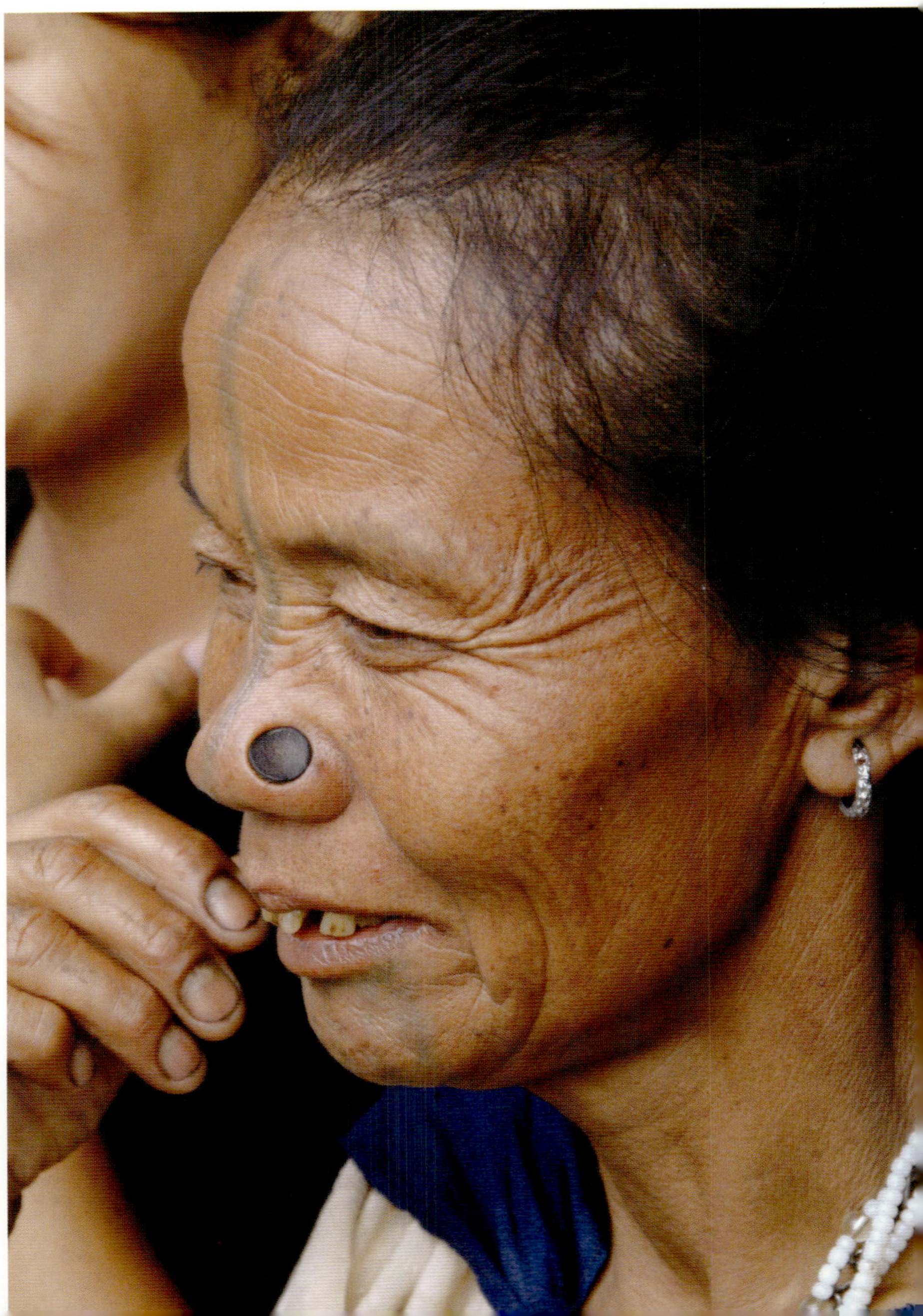

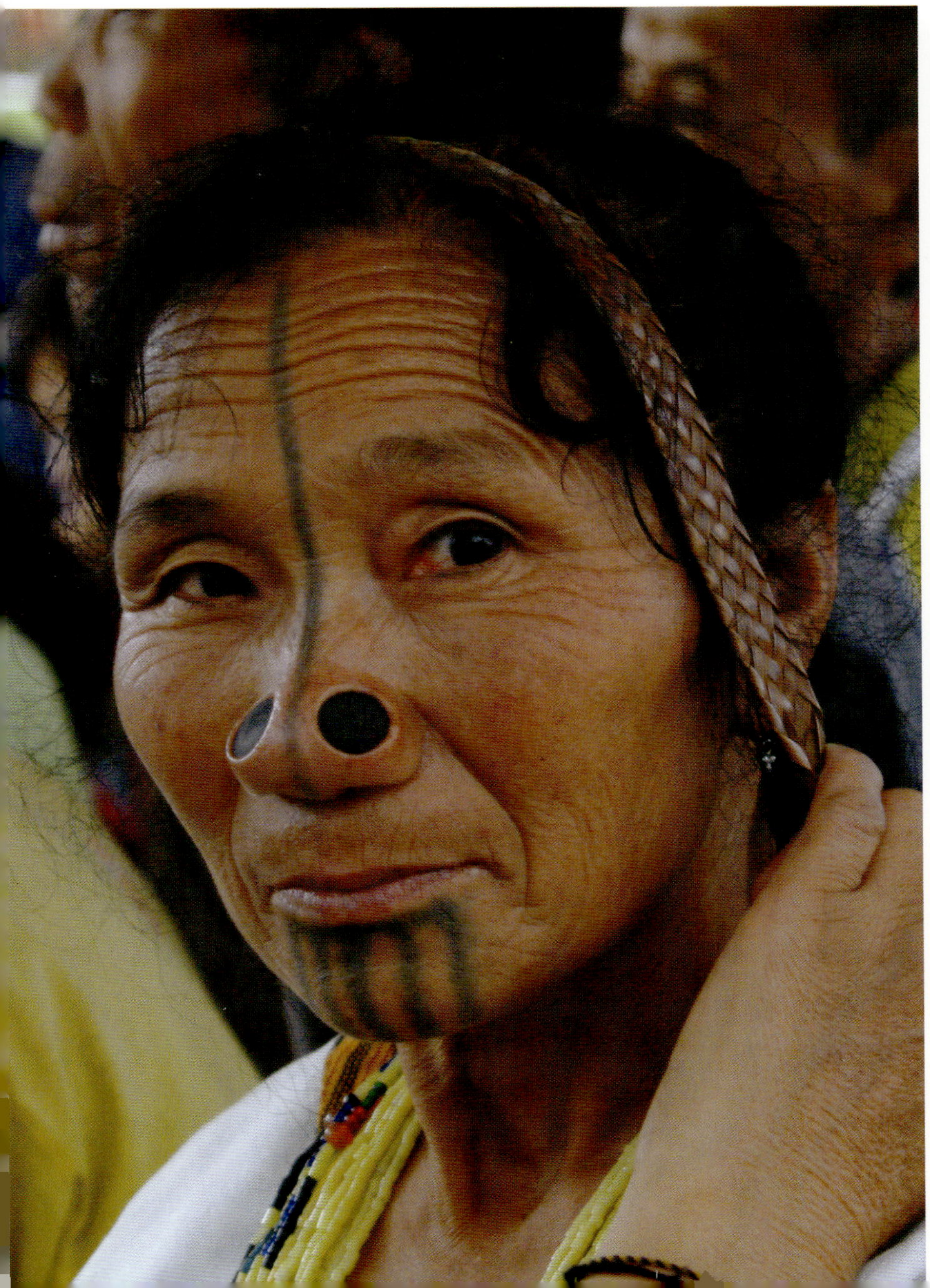

M, K.P

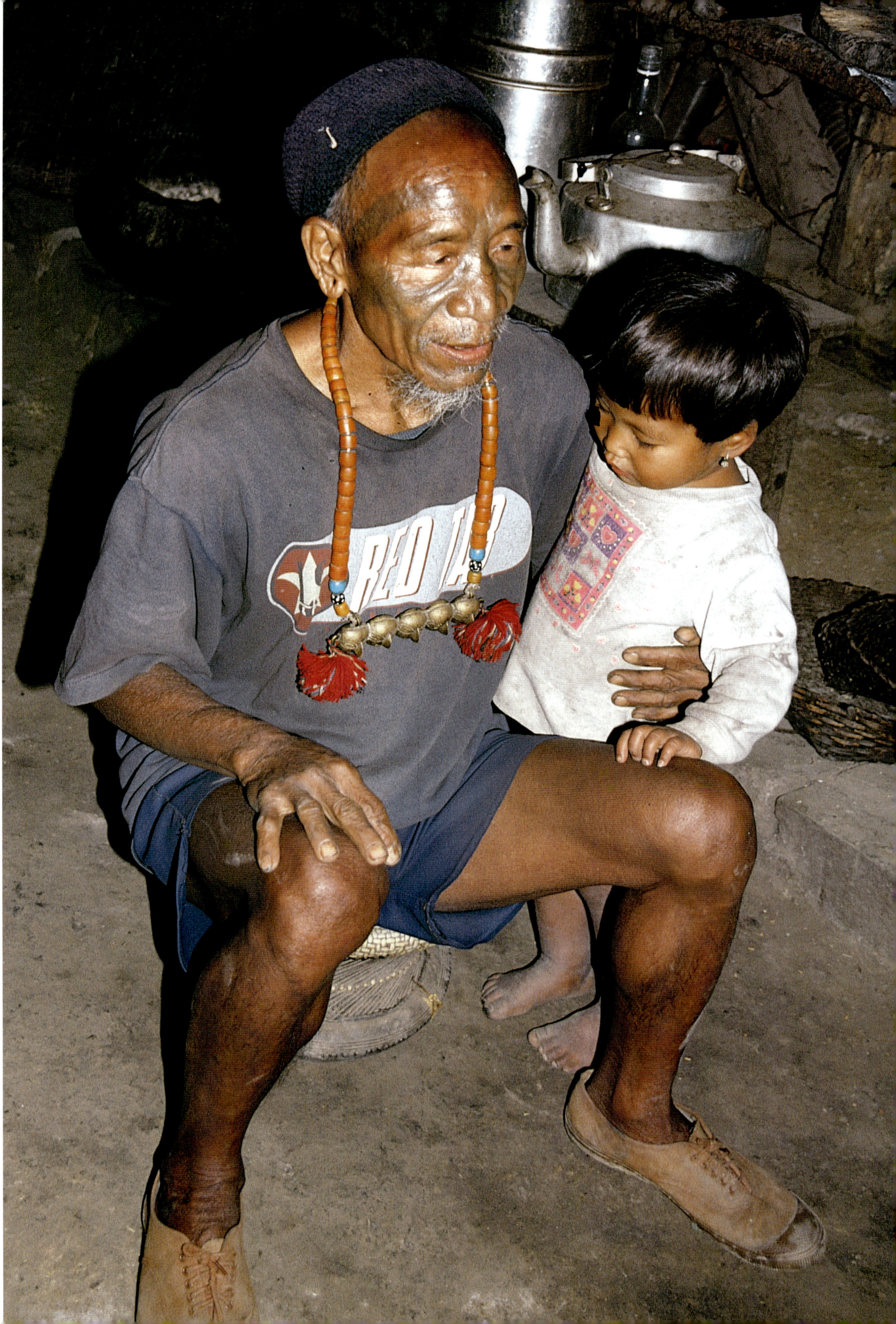
RED

1947
1976

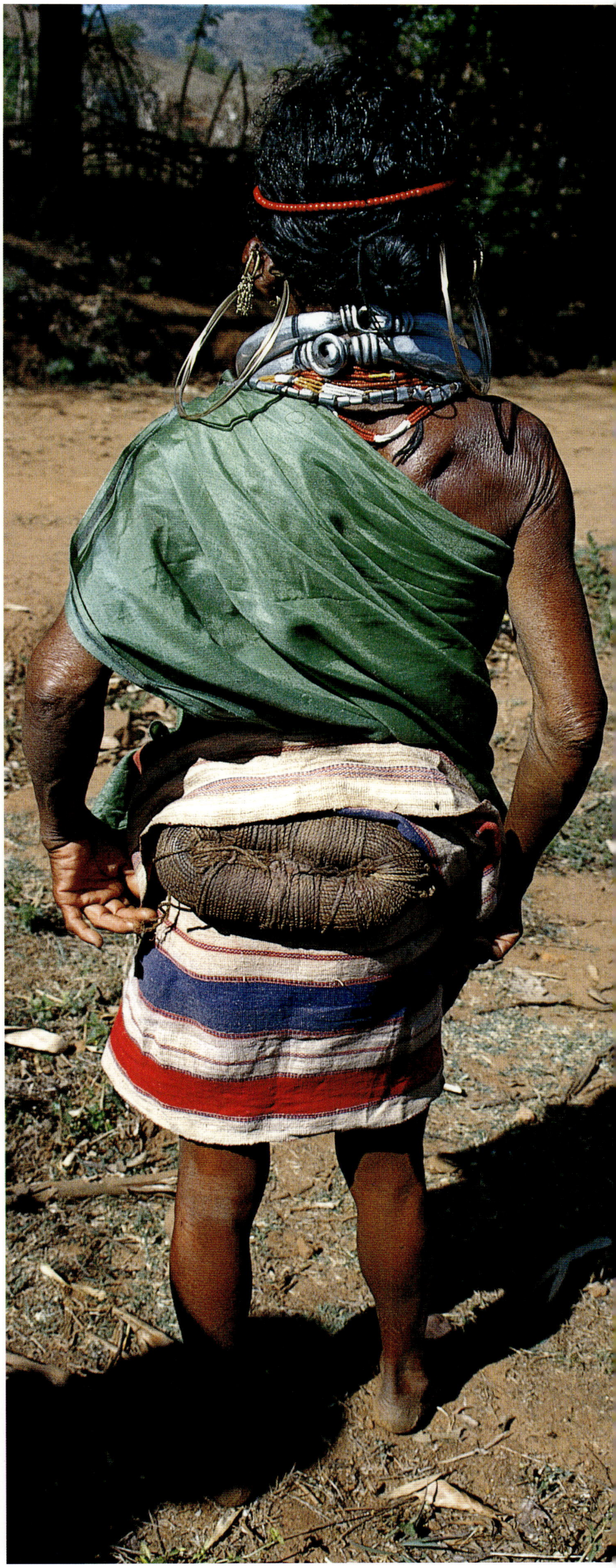

井 上 耕 一 ［写真・文］

1971 ～ 2003…桑沢デザイン研究所にて教職
1979 ～ 1990…壁装材料協会・季刊誌『in』、『WACOA』の企画・編集
1984…………「金唐革」展（INAX ギャラリー）の企画
「暮らしのドイツ・デザイン・フェア」展（西武・渋谷店）の企画・会場構成
「チェコスロバキア・キュビズム」展（パルコ・渋谷店）の企画・会場構成
2000…………著書『アジアに見るあの坐り方と低い腰掛』（丸善）
2003…………写真個展「しゃがむ――あの坐り方と低い腰掛」（アート・スペース リビーナ）
2006…………写真個展「アジアはキッチュ」（アート・スペース リビーナ）
2009…………写真集『〈身体装飾の現在 1〉人類発祥の地にいま生きる人々
――アフリカ大地溝帯エチオピア南西部』（朝倉書店）

身体装飾の現在 2

インド文明に取り込まれた人々

インド・ネパール　　定価はカバーに表示

2009 年 9 月 25 日　初版第 1 刷

著作者　井 上 耕 一
発行者　朝 倉 邦 造
発行所　株式会社 朝 倉 書 店
東京都新宿区小川町 6-29
郵 便 番 号　162-8707
電　話　03（3260）0141
ＦＡＸ　03（3260）0180
http://www.asakura.co.jp

〈検印省略〉

本文デザイン・装丁　薬師神デザイン研究所
印刷　中央印刷
製本　牧製本

ISBN 978-4-254-10682-4　C3340　Printed in Japan